AF276897

Decisiones vitales

Decisiones vitales

Lo difícil no es decidir, sino saber qué quiero

Pep Marí

Plataforma
Editorial

Primera edición en esta colección: enero de 2024
Cuarta edición: abril de 2024

© Pep Marí, 2024
© de la presente edición: Plataforma Editorial, 2024

Plataforma Editorial
c/ Muntaner, 269, entlo. 1.ª – 08021 Barcelona
Tel.: (+34) 93 494 79 99
www.plataformaeditorial.com
info@plataformaeditorial.com

Depósito legal: B 21800-2023
ISBN: 978-84-10079-04-5
IBIC: VS

Printed in Spain – Impreso en España

Diseño de cubierta:
Sara Miguelena

Fotocomposición:
Grafime S. L.

El papel que se ha utilizado para imprimir este libro proviene
de explotaciones forestales controladas, donde se respetan
los valores ecológicos, sociales y el desarrollo sostenible del bosque.

Impresión:
QP Print

*Quiero partir de una cita fantástica
del filósofo estoico* Lucio Anneo Séneca:
*«Cuando veas una pequeña luz brillar,
síguela. Si te lleva al pantano, ya saldrás.
Si no la sigues, pasarás el resto de tu vida preguntándote
si aquella luz era tu estrella».*

*Me hace ilusión dedicar esta guía a todas aquellas
personas que han visto una luz brillar
y han tenido el coraje de seguirla. Para todas ellas,
mi más profunda admiración. Al hacerlo, han mejorado
su mundo y el de todos.*

Índice |

Parte I
Las bases

1.
La razón de este libro

Por favor, dime cuántas veces realizas a diario cada una de estas acciones:

- Despejar una incógnita
- Traducir al latín
- Calcular una aceleración
- Formular un ácido
- Hacer un comentario de texto
- Dibujar un cubo en tres dimensiones
- Construir una torre con palillos
- Recitar de memoria una declinación
- Analizar sintácticamente una frase
- Subir por una cuerda

¿Ninguna? No me tomes el pelo. Lo aprendiste en la escuela y en el instituto. Tus padres pidieron a unos excelentes profesores y profesoras que te lo enseñaran. Si no lo practicas, lo olvidarás. Entonces ni su inversión, ni la tuya, habrán valido la pena.

Y ahora, dime… ¿Cuántas decisiones tomas cada día? Muchas, ¿verdad? Y decisiones importantes, en un mes, ¿cuántas acabas tomando? Más de veinte, seguro. Y a lo largo de tu vida, ¿cuántas decisiones vitales, de aquellas que marcan tu existencia, has debido tomar? De estas, probablemente muchas menos, quizá no más de diez. Pero cada una de estas diez ha significado un antes y un después en tu vida.

Y, sin embargo, nadie nos educa para tomar decisiones. Curioso, ¿no?

Si me permites una comparación, es como si nadie nos enseñara a andar. No podríamos desarrollarnos como personas. Pues tomar decisiones es andar por la vida. Y a eso, de momento, nadie nos enseña. Por lo menos, nadie lo hace de una forma clara, práctica y sencilla.

Así que agradezco a los planes de estudio la oportunidad que me brindan de complementar la formación que ofrecen a sus alumnos. Si hubieran pensado en todo ahora yo no podría escribir este libro.

Si tuviese la posibilidad de elaborar los planes de estudio escolares creo que solo deberían existir dos asignaturas: aprender a pensar y aprender a relacionarse. Dominando estas dos materias, si realmente te interesa, puedes aprender todas las demás. En la primera, entre otros muchos temas, tendría cabida una guía práctica para tomar decisiones.

Dado que no puedo realizar ninguna aportación en los currículos escolares, pero siempre se está a tiempo de aprender, decidí compartir en este libro cuanto he aprendido sobre el proceso de la toma de decisiones.

Una aclaración para terminar de presentar este libro. Soy consciente de que la mayoría de las decisiones se toman a una velocidad vertiginosa y de una forma inconsciente. Quiero centrarme en el resto de las decisiones: esas pocas elecciones deliberadas que se toman a cámara lenta. Quizá las primeras, las inconscientes, son el piloto automático con el que navegas durante el día a día. Pero las segundas, las meditadas, son el timón que marca el rumbo de tu vida.

Me atrevo a ir más allá: creo que las decisiones inconscientes se pueden programar, e incluso reprogramar, si cabe. Si aprendes a tomar decisiones de forma deliberada y consciente, mejoras también las elecciones inconscientes. En definitiva, tanto unas como otras están bajo tu control. No por haber automatizado la conducta de andar (decisiones inconscientes) vas a perder el control sobre la conducta de detenerte (decisiones conscientes) cuando tú quieras. Lo cortés no quita lo valiente.

Por supuesto, si fuese solo por esas decisiones intrascendentes del día a día, no tendría sentido escribir un libro. Y menos aún merecería la pena leerlo. No son ellas las que me impulsaron a redactar este texto, sino las otras: ese puñado de decisiones vitales que me convirtieron en la persona que soy ahora.

Resulta curioso que en la escuela no se enseñe a tomar decisiones, pero que, en cambio, sí se pida a los alumnos, al final de la etapa escolar, tomar una de las primeras decisiones vitales de la vida: qué sigo estudiando.

Me consta que muchos jóvenes viven momentos angustiantes al constatar que se acerca el instante de decidir qué quieren ser de mayores y que no se sienten preparados para tomar esa decisión.

Espero que este libro les aporte algunas pistas.

2.
¿Cómo leer este libro?

Dispones de dos posibilidades: de principio a fin, siguiendo el orden propuesto en el índice temático, o en función del instante en el que te encuentras ahora mismo, en relación con el proceso de la toma de decisiones.

Si optas por la primera posibilidad seguirás el camino propuesto por el autor. Primero te familiarizarás con el concepto de decisiones vitales, después serás consciente de la dificultad que implica tomar ese tipo de decisiones, aprenderás una metodología para aumentar las probabilidades de acertar y, finalmente, accederás a ejercicios y conceptos que te entrenarán en el arte de elegir.

Si, en cambio, prefieres leer este libro de forma personalizada, deberás comenzar por los capítulos correspondientes al momento en el que te encuentras (antes, durante o después de haber tomado una decisión) y atender a las recomendaciones del autor.

Este sencillo gráfico te será de utilidad.

Aún no has tomado la decisión	Acabas de tomar una decisión (aún no la has aplicado)	Estás poniendo en práctica tu decisión	Ya has puesto en práctica lo que implicaba tu decisión
Comienza por el capítulo 5 y sigue con el 7	Lee el capítulo 6	Lee el capítulo 8	Lee directamente el capítulo 9

Si ahora mismo no debes tomar ninguna decisión importante te aconsejo que aproveches el tiempo para entrenar: a decidir también se aprende. En este caso te recomiendo que accedas directamente a los capítulos 10, 11 y 12.

Si te quedas con hambre después de haber leído los capítulos que te sugiero, puedes seguir la lectura por donde quieras, sabiendo que el libro está estructurado en dos partes: un procedimiento para decidir y varias formas de practicarlo.

3.
Las decisiones vitales

Llevo más de treinta años asesorando a personas que necesitan tomar decisiones muy importantes. Estas son las preguntas que acostumbran a plantearme.

¿Cómo no agobiarme ante las muchas decisiones que debo tomar?

Nada ayuda tanto a no agobiarse como tener un criterio para diferenciarlas. Todas no son igual de importantes y, por tanto, no todas merecen la misma preocupación por tu parte. Un criterio que suele funcionar es el nivel de impacto que esas elecciones tienen en tu vida.

- Las intrascendentes
  A las que aludía en la presentación en términos «de piloto automático». Elecciones inconscientes, en su inmensa mayoría, que nos permiten mantener el barco a flote, pero que no condicionan su rumbo.

De estas, tomamos decenas a diario. Apenas implican riesgo.

Permíteme algunos ejemplos:

- ¿Voy al supermercado de la esquina o cojo el coche y compro en el centro?
- Si la reunión comienza a las 8, ¿a qué hora pongo el despertador?
- ¿Qué ropa me apetece vestir hoy?

• Las importantes
También me he referido a ellas en el capítulo anterior. Elecciones meditadas y reflexionadas. Conscientes y deliberadas, con varias posibilidades de elección. Implican riesgo y marcan el rumbo de la embarcación. No tomamos estas elecciones cada día, pero son habituales. Si tú no las tomas, la vida las toma por ti.

Espero que valgan estos ejemplos:

- ¿En qué escuela matriculamos a nuestro hijo?
- ¿Pido un aumento de sueldo?
- ¿Cómo alimento a mi bebé?

• Las vitales
Las intrascendentes nos mantienen a flote; las importantes marcan nuestro rumbo, y las vitales, nuestro destino. Más riesgo, imposible. No tomarás muchas durante toda

tu vida. Por eso mismo, debes convertir en una obra de arte cada una de ellas.

- ¿Qué carrera universitaria estudio?
- ¿Tenemos un hijo?
- ¿Me voy a vivir al campo?

¿Siempre puedo decidir?

Lamentablemente, no siempre puedes decidir libremente entre varias opciones. No todo depende de ti, ya te has dado cuenta. ¡Qué más quisieras!

En muchas ocasiones no dispones ni tan siquiera de una alternativa, y en otras tantas estás condicionado por otras personas (por el deseo de agradar, por ejemplo).

Pero aquello que siempre podrás elegir, como proponía Viktor Frankl en su libro *El hombre en busca de sentido*, es la actitud que adoptas ante esos hechos. En palabras más sencillas, no siempre puedes decidir qué sucede, pero siempre puedes decidir cómo te tomas lo que sucede.

¿Cómo sé que estoy decidiendo libremente?

Fácil. Sigue esta lista de comprobación:

- ¿Tienes varias opciones?
- ¿Podrías haber tomado otra decisión?

• Si te arrepientes alguna vez, ¿podrás volver atrás?

Una sola respuesta negativa levanta la sospecha de que otros han elegido por ti.

¿Cómo sé que estoy tomando una decisión acertada?

Tres indicadores pueden ayudarte.

1. ¿La revisas continuamente, una vez tomada?
Si lo haces, significa que dudas. Esto dispara las posibilidades de arrepentirte. Tómate el tiempo que necesites para llegar a esa conclusión, pero, en cuanto te decidas, ya no habrá marcha atrás. Más adelante explicaré por qué revisarla genera desconfianza y condiciona su aplicación.
Si no la revisas, pinta bien.

2. ¿Te sientes satisfecho/a de haberla tomado?
Si para tomarla has caído en algún tipo de contradicción, tus sensaciones serán negativas. Si has sido coherente con tus valores y tus metas, entonces la satisfacción te indicará que vas por el buen camino. De acuerdo, solo es un presentimiento, pero da pistas.

3. ¿Has contado a alguien que has tomado esa decisión?
Comprometerse públicamente implica varias cosas: sientes seguridad y vas a dejarte el alma para que funcione. Tanto

una cosa como la otra previene el arrepentimiento y aumenta las probabilidades de acertar.

En resumen, si no revisas continuamente la decisión, si te sientes satisfecho/a de haberla tomado, y si ya se la has comunicado a alguien, creo que has tomado la decisión acertada. Con su puesta en escena y el paso del tiempo podrás verificar esta intuición.

¿Cómo diferenciar la persistencia de la obstinación?

Persistir en el esfuerzo resulta imprescindible para hacer buena una decisión.

Ahora bien, cuando la persistencia se prolonga durante demasiado tiempo, podría convertirse en obstinación. ¿Cómo podemos diferenciar ambos conceptos?, ¿cuándo insistir ya no tiene sentido?

Intentarlo de nuevo, ¿te hace ilusión?

Si te hace ilusión, debes insistir. Creo que debes dejarlo cuando ya no te hace ilusión volver a intentarlo.

Cuando lo intentas de nuevo, ¿cambias algo?

Si lo intentas de nuevo y no cambias nada, si nada has aprendido del último intento, volverás a fallar y te frustrarás más aún. Si sabes qué cambiarás para tratar de acertar esta vez, lo deberías intentar. Si no sabes qué cambiar, acumulas intentos fallidos y continúas, te estás obstinando. Deberías dejarlo.

Cuando tomas una decisión y fallas, ¿a qué casilla retrocedes?

Cuando tomas una decisión y fallas no retrocedes a la casilla de salida. Ahora estás más cerca de tomar una decisión acertada. Sobre todo si, con humildad, asumes el error como propio. Sobre todo si, con análisis, extraes algún aprendizaje. Y sobre todo si persistes en el esfuerzo, sin obstinarte, para volver a intentarlo con mayor conocimiento.

Decía Oscar Wilde que la experiencia es el nombre que ponemos a nuestros errores. Siento discrepar del maestro. Experiencia es el nombre que ponemos a las lecciones que sacamos de nuestros errores. Puedes llevar veinte años decidiendo y decidiendo mal.

Gracias a todas estas preguntas que me han ido planteando a lo largo de mi carrera me he visto obligado a reflexionar sobre el tema. Esto me ha dado la posibilidad de aclarar conceptos, definir criterios y ordenar procedimientos. Con todo, me atrevo a proponerte una metodología para tomar decisiones vitales.

Aunque el punto de partida me lo regaló Jorge Valdano.

La teoría de Valdano

En cierta ocasión, mientras respondía a las preguntas de un periodista, Jorge Valdano, uno de los mayores filósofos del fútbol, se sacó de la manga la siguiente teoría: a lo largo de nuestra vida tomamos entre seis y diez decisiones vitales que acaban marcando cuanto somos ahora mismo.

Aquella hipótesis me llamó poderosamente la atención. Tanto, que comencé a ponerla a prueba cada vez que conocía a una persona. ¿Y sabes qué fue lo mejor? Los datos que aportaban mis sujetos experimentales confirmaban la hipótesis. No me lo podía creer.

Me obsesioné tanto con esta idea que comencé a escribir un libro sobre biografías de personajes que han pasado a la historia. Su vida contada a través de sus decisiones vitales. Nunca lo terminé. Necesitas conocer mucho a la persona para afinar tanto y yo no disponía de ese conocimiento ni tenía acceso a las fuentes directas.

Así que decidí abandonar ese proyecto y escribir un libro que enseñara a tomar decisiones vitales. Y, de pasada, te contaré las mías, para ejemplificar cuanto te estoy proponiendo y para animarte a tomar consciencia de las tuyas.

Aunque, quizá, conviene definir primero el concepto de decisión vital.

Te propongo esta definición:

La última vez que estuviste en un restaurante tomaste varias decisiones, de acuerdo, pero no creo que marcaran tu futuro. Por «decisión vital» entiendo una decisión que tomas de forma deliberada y consciente, pudiendo elegir libremente entre varias opciones, y que acaba marcando el curso de tu vida.

Ahí voy con mis propias decisiones; este soy yo hoy en día.

Primera decisión: estudiar Psicología

Por aquel entonces estaba estudiando COU.[1] Flipaba con la Filosofía y la Biología. Un día, le pregunté a mi profesor de Filosofía:

• ¿Existe algo entre la Filosofía y la Biología? Adoro la «filo», pero le falta tocar con los pies en el suelo. Y amo la «bio», pero le falta un punto de locura.

• Estás de suerte –me respondió–, también existe la Psicología. Te dejo un libro y te lo lees. Si te gusta, ya lo tienes.

El libro era *La estructura de la personalidad*, de Philipp Lersch. Lo devoré. Había descubierto mi devoción.

Aprovecho para contarte que hace ya algunos años tuve la oportunidad de reunirme de nuevo con mi antiguo profesor. Le devolví el libro de Philipp Lersch y le di las gracias por haberme ayudado tanto a descubrir mi pasión.

Segunda decisión: especializarme en Psicología aplicada al deporte

Segundo curso de Psicología. En aquella época practicaba tenis de mesa y entrenaba mucho, quería ser campeón de España y aspiraba a tocar la élite. Ese año me di cuenta de que jamás lo conseguiría, no tenía talento para este deporte. La

---

1. Curso de Orientación Universitaria, que correspondía al último curso de Bachillerato.

vez que más me acerqué a mi objetivo quedé entre los dieciséis mejores dobles juveniles del país. La necesidad agudiza el ingenio. Fue entonces cuando tomé mi segunda decisión vital: puesto que como jugador jamás formaré parte de la élite, trataré de ayudar a otros jugadores a que lo hagan por mí. Y será a través de la psicología. Sin duda, esa fue una de las mejores decisiones que he tomado en mi vida. Puede que sea la que más me ha marcado. Gracias a ella me siento realizado profesionalmente y un privilegiado. Siempre he podido trabajar con los mejores o con los que querían serlo. Hoy en día aún no sé de quién he aprendido más: si de los primeros o de los segundos.

Tercera decisión: divorciarnos
Durante ese tiempo había iniciado una relación de pareja que nos llevó a pasar por la vicaría. Nos hicimos mucho bien mientras la cosa funcionó y acertamos en no forzar las cosas cuando dejó de funcionar. No tener descendencia explica, en parte, mi estilo de vida actual.

Cuarta decisión: cambiar de trabajo
Estudié Psicología en la Universitat Autònoma de Barcelona, en Bellaterra (Barcelona) y, después de licenciarme, hice prácticas en el Centro de Alto Rendimiento.[2] de Sant Cugat (muy cerca de mi universidad). No tuve que tomar ninguna decisión, porque no tenía opción. Si quería ganarme la vida

---

2. Centro de Alto Rendimiento.

como psicólogo aplicado al deporte, hacer las prácticas en el Departamento de Psicología del CAR era un sueño. Y lo tenía a escasos kilómetros. Lo conseguí. Terminé las prácticas y me ofrecieron continuar, esta vez con contrato. Estuve 28 temporadas trabajando allí y fue uno de los mejores regalos que me ha hecho la vida. Cuando cumplí 50 años me planteé si quería retirarme en el CAR o si quería concederme la oportunidad de explorar otros ámbitos profesionales.

Hace ocho años que me dedico a la formación. Una vez lo resumí así en mi perfil de Twitter: «Antes, entrenaba psicológicamente a deportistas. Ahora, formo psicológicamente a equipos de trabajo. Siempre psicológicamente y siempre un privilegiado».

Aprendí tanto de los deportistas y de sus técnicos que ahora puedo ganarme la vida formando a los directivos y a sus empleados. Y, por supuesto, sigo aprendiendo de las organizaciones y de los equipos de trabajo, puesto que tienen mucho por enseñar, tanto como los deportistas.

Quinta decisión: solo conformarme con el sentimiento de libertad

Trabajar para mí, sin jefes, ni compromisos adquiridos, tomando mis propias decisiones, me ha convertido en un adicto a la libertad. Entiendo por libertad la libertad de elección. Quizá no me doy cuenta y, en realidad, estoy siendo manipulado más que nunca. Yo no lo siento así. Desde que soy autónomo, también fiscalmente, creo que he tomado más decisiones que nunca.

Y no me refiero tanto a las decisiones vitales, sino a las del día a día, a esas que te permiten atender a tus prioridades. Decisiones de las que dependen buena parte de mis ingresos, mi realización personal y mi destino.

Quizá no hubiera destacado esta decisión si solo quedara circunscrita al ámbito profesional. Aquello que realmente la ha convertido en una elección vital ha sido generalizarla al ámbito personal. Mis mejores amigos son aquellos que más libertad me conceden y mis relaciones priorizan este valor. Amistad es libertad. Y el compromiso sirve para rendir, no para sentir. La peor manera de durar es querer durar. Durar siempre debe ser una consecuencia, jamás un objetivo, ni una condición previa.

De momento, me quedo aquí. Si Valdano tiene razón, me quedan entre una y cinco decisiones vitales por tomar. Reconozco que creerlo me insufla unas ganas tremendas de vivir.

Antes de animarte a realizar el ejercicio y sintetizar tu recorrido vital en unas pocas decisiones, permíteme que saque unos porcentajes sobre mis elecciones. Y no lo hago para seguir hablando de mí, sino para ayudarte a ser consciente de alguno de tus patrones.

He tomado cinco decisiones vitales: tres profesionales, una personal y una mixta.

60 % profesional
40 % personal

No tendrás que compartir el ejercicio con nadie, así que no tiene sentido que mientas para quedar bien. No pasa nada si te das cuenta de que tu vida está algo descompensada.

Imagina que haces el ejercicio que te sugiero a continuación y reparas en que ya has tomado cinco decisiones transcendentes. Puedes pensar: «Este libro ha llegado tarde a mi vida». Te equivocas, te quedan unas pocas por tomar. Si el libro te acompaña durante la toma de una sola de esas decisiones importantes que te quedan por dirimir, ya habrá valido la pena.

Y ahora las tuyas...
Lista tus decisiones vitales, las que hasta ahora has tomado y te han traído hasta aquí.

Para no perderte, te recomiendo que sigas un orden cronológico y que mezcles las decisiones personales con las profesionales.

Si haces bien el ejercicio, las decisiones que vas a seleccionar deben conducirte hasta tu momento actual.

1 _____

2 _____

3 _____

4 _____

5 _____

6 _____

7 _____

8 _____

Quédate con esto

¿Cómo no agobiarme ante las muchas decisiones que debo tomar?

Partiendo de un criterio para clasificar su importancia: su nivel de transcendencia.

¿Siempre puedo decidir?

No siempre puedes decidir qué sucede, aunque siempre puedes decidir cómo te tomas lo que sucede.

¿Cómo sé que estoy decidiendo libremente?

Solo decides libremente cuando, en el caso de haberlo querido, habrías podido elegir otra opción.

¿Cómo sé que estoy tomando una decisión acertada?

Estás tomando la decisión acertada si no la revisas, no te arrepientes y la compartes.

¿Cómo diferenciar la persistencia de la obstinación?

Persistes cuando en cada nuevo intento pones ilusión y pruebas cosas nuevas.

Cuando tomas una decisión y fallas, ¿a qué casilla retrocedes?

No retrocedes a la casilla de salida. Ahora tienes más probabilidades de acertar.

4.
El test de las creencias

Te propongo un ejercicio divertido y útil. Me gustaría evaluar en qué medida estás de acuerdo con una serie de creencias relacionadas con la toma de decisiones. Antes de continuar con la lectura del libro contesta este test. Cuando hayas llegado al final, responde de nuevo el cuestionario.
¡Preparados, listos... ya!

Instrucciones
Valora del 0 al 10 en qué medida estás de acuerdo con las siguientes afirmaciones.
0-1: Totalmente en desacuerdo
2-3: En desacuerdo
4-5: Casi siempre en desacuerdo
6-7: Casi siempre de acuerdo
7-8: De acuerdo
9-10: Totalmente de acuerdo

Afirmaciones

1) No cambies nunca
2) Jamás abandones tu sueño
3) Querer es poder
4) Quien hace todo lo que puede no está obligado a más
5) Si te has enamorado, no tomes decisiones
6) Si la vida te da limones, haz limonada
7) Si tienes una ventaja, aprovéchala
8) Dispones de una oportunidad cuando estás preparado/a para aprovecharla
9) Debes salir de tu zona de confort
10) El tiempo lo cura todo
11) Lo difícil no es llegar, sino mantenerse
12) La unión hace la fuerza
13) Cambia cuando ya no funcione
14) Las cosas ocurren justo cuando las necesitas
15) Todo sucede por algo
16) La esperanza es lo último que se pierde
17) Si decides por odio, miedo o ego, te estás equivocando
18) Experiencia es el nombre que damos a nuestros errores
19) El consenso es más útil para un equipo que la verdad
20) Tienes razón, pero te equivocas

Parte II
El método

5.
Requisitos previos para tomar una decisión

Estoy convencido de que es mejor tomar una decisión que no tomarla. Esto es, es mejor elegir que dejar que la vida lo haga por ti. Y con ello no quiero dar a entender que puedes acertar más que la vida misma. Mis argumentos no tienen nada que ver con la eficacia. Te los explico.

a) Si dejas que la vida decida por ti, no tienes derecho al pataleo
Si permites que la vida acabe tomando por ti la decisión, no tienes derecho a quejarte. Si dejas conducir a la vida y te lleva a un lugar que no te gusta, no puedes quejarte; haber conducido tú. Si te gusta conducir y sabes dónde quieres ir, ¿por qué no conduces?

b) Si dejas que la vida decida por ti, no te comprometes
Solo te comprometes con lo que eliges. Y al no comprometerte del todo con aquella opción, que la vida eligió por ti, puede que no la defiendas lo suficiente como para que

funcione. Si no decides tú, no te harás responsable de tu decisión y no la defenderás con uñas y dientes.

Una de las mejores sensaciones que puede regalarte la vida es dejarte el alma para lograr una meta y, después de muchos esfuerzos y sacrificios, alcanzarla. Pocas cosas suben tanto la autoestima y te hacen sentir tan vivo/a como la sensación de haber puesto todo de tu parte.

c) Si dejas que la vida decida por ti, no aprendes nada
Si decide la vida y acierta, no aprendes nada.
Si decide la vida y falla, no aprendes nada.
Si no decides, no aprendes a decidir.
Y es que es mucho mejor decidir y arrepentirse que arrepentirse de no haber decidido.

Ahora bien, para tomar una decisión necesitas cumplir con unos requisitos. Vamos a ver si los cumples. Si no los tuvieras todos, aplaza tu decisión. Estas condiciones no aseguran el éxito, pero aumentan las probabilidades de no arrepentirte.

Requisitos para tomar una decisión

I) Un objetivo
¿Ya sabes qué quieres conseguir con tu decisión?
Antes de poner el coche en marcha, ¿has decidido tu destino?
Como reza el subtítulo de este libro, lo difícil no es decidir, sino saber qué quicro.

II) Unos valores

¿Todo vale con tal de alcanzar tu objetivo?

¿El fin justifica los medios?

Antes de comenzar a conducir, ¿conoces el código de circulación?

Tus valores marcan tus reglas del juego.

III) Varias opciones de elección

¿Te acuerdas? Nadie se compromete con aquello que no elige. Para poder elegir de verdad necesitas disponer, por lo menos, de más de una opción. Como mínimo de dos opciones, coherentes con tus objetivos y, en principio, válidas para alcanzar tu meta.

IV) Información relevante

Información relevante sobre cada una de las opciones posibles. Esta información resultará determinante en el momento de elegir. A veces, no hace falta disponer de toda la información, basta con tener la necesaria para descartar algunas opciones y quedarse con la más útil.

Siguiendo con el símil automovilístico que te estoy poniendo, quizá deberías saber que en la ruta habitualmente más rápida para llegar a tu destino acaba de suceder un accidente y hay 5 km de retención. Si dispones de esa información puedes optar por una ruta alternativa.

V) *Libertad de elección*

Contar con la libertad necesaria para elegir la opción que creas más adecuada. Si no puedes elegir la alternativa mejor, no has decidido tú. Lo hizo la vida por ti.

¿Cómo saber si he sido yo quien ha decidido o ha sido la vida quien lo ha hecho por mí? ¿Cómo proceder para no autoengañarme?

Si te estás planteando estas cuestiones, toca volver al capítulo 2 y repasar las respuestas a las preguntas más frecuentes para saber si te estás autoengañando.

Primero, repasa los tres criterios para saber si estás acertando: cuestionarse continuamente la decisión, tener sensaciones negativas y no comunicar la decisión. Tres señales inequívocas de que algo no anda bien.

Segundo, responde estas preguntas para saber si estás decidiendo libremente. ¿Podrías haber elegido otra opción? Si algo no funciona, ¿puedes volver atrás y cambiar tu selección? Si no puedes, quizá no había nada que elegir.

VI) *Definir el nivel de riesgo que puedes asumir*

Alguien que no sabe de psicología te aconsejará que salgas de tu zona de confort. Yo, que pretendo tener criterio, te diré «depende». Depende, en este caso, de tu objetivo. Si te falta confianza quédate un ratito más en tu zona de confort. Si quieres mejorar, toca arriesgar y salir de tu zona de seguridad. Todas tus posibilidades de crecimiento se encuentran fuera de ella. Y si necesitas una cura de humildad, entonces, date un paseo por tu zona de conflicto. Pégate un buen susto y regresa con la cola entre las patas.

VII) *Conocer el tiempo de que dispones para tomar la decisión*

Como dice el teniente coronel Francisco Gan Pampols, en su libro *El arte de mandar bien*: «Una buena decisión, si no es oportuna en el tiempo, deja de ser una buena decisión».

Quédate con esto

Si dejas que la vida decida por ti, ocurren tres cosas:
- Pierdes el derecho a quejarte
- No te comprometes con su elección
- No aprendes nada

Para tomar una decisión necesitas cumplir con los siguientes requisitos:
- Un objetivo
- Varias opciones de elección
- Libertad de elección
- Unos valores
- Información relevante
- Tener claro cuánto riesgo puedes asumir
- Saber de cuánto tiempo dispones para decidir

6.
Check-list para la toma de decisiones

Toma primero la decisión y después revísala con la ayuda de este *check-list*. Se trata de criterios indispensables para acertar. El incumplimiento de uno solo de estos puntos aumenta las probabilidades de arrepentirse de la decisión tomada.

a) Si evitas, te equivocas

Las decisiones se toman para acercarse a un objetivo que se persigue, nunca para alejarse de algo o de alguien que se quiere evitar.

Una vez pregunté a un deportista por qué quería ingresar en el centro de alto rendimiento donde yo trabajaba. Su respuesta fue: «Porque no puedo seguir ni un día más en casa, no puedo con mis padres». Aquel día la entrevista duró muy poco. Te incorporas a un grupo de entrenamiento para dar tu mejor versión, jamás para escapar de un conflicto generacional.

Por tanto, mi primera pregunta es: con esta decisión que acabas de tomar, ¿pretendes afrontar o evitar? ¿Proteger o exponer? Si te escapas, revisa tu decisión antes de que sea demasiado tarde. No continúes el *check-list* hasta que cumplas con esta primera condición.

b) Jamás tomes una decisión si no puedes asumir su peor consecuencia

Los que saben de inversiones financieras aconsejan invertir solo el dinero que estás dispuesto a perder. Llevado a nuestro tema, podríamos decir que jamás deberías tomar una decisión que pusiera en riesgo algo o a alguien que no puedes permitirte el lujo de perder, por lo menos, ahora.

Haz una lista con las consecuencias negativas que puede implicar tu decisión y quédate con la peor de todas (para tus/vuestros intereses).

Mi pregunta es clara: ¿la puedes asumir? Mejor dicho: ¿la podéis asumir? En caso negativo, toma otra decisión menos arriesgada y sigamos con la comprobación.

En una ocasión, un amigo me consultó si era el momento de exigir a su jefe un aumento de sueldo. Acababa de ser padre y existía un precedente peligroso en la empresa: un compañero de su mismo departamento había sido despedido precisamente por exigir más salario. Si mi amigo hubiera estado solo en el mundo le hubiera citado la frase de Séneca con la que comencé este libro. No lo hice. Le recordé que su familia no podía permitirse, en aquel momento, quedarse con el único sueldo que entraba en casa. En lugar de exigir un aumento a su jefe terminó por contarle su situación y juntos buscaron una solución.

c) En los asuntos personales, más corazón que cabeza. En el ámbito profesional, justo al revés.

Ya sé que no se puede separar la cabeza del corazón, ni los pensamientos de los sentimientos. Aquello que sí se puede y debe hacer es priorizar unos por encima de otros, en función del ámbito donde tomas la decisión.

Una deportista profesional con la que trabajaba recibió varias ofertas al final de la temporada. Había rendido a un alto nivel y muchos clubes la pretendían. Me pidió ayuda para seleccionar el destino que más le convenía. Comenzamos por identificar los criterios que guiarían su elección. Su juventud nos lo puso muy fácil: iré al lugar donde más pueda crecer tanto deportiva como personalmente. Cuando ya se había decidido recibió una última propuesta de renovación de su actual club. Le prometían convertirla en la base de un nuevo proyecto ganador. Iban a reforzar mucho el equipo y a fichar a un entrenador muy competitivo. A pesar de todos esos cambios, su club, a juicio de la propia deportista, no era el lugar donde más podía seguir creciendo, pero terminó renovando, por amor al club. Estaba muy agradecida y creía que tenía la obligación de corresponder la confianza de la junta y del cuerpo técnico. ¿Imaginas cómo acaba la historia? Los fichajes no llegaron, el entrenador se marchó a media temporada y los objetivos no se lograron. No mejoró, perdió una temporada y valoró que se había equivocado. Cometió un único error: priorizó los sentimientos en una decisión profesional. Para que quede claro: el error no fue tener sentimientos, sino priorizarlos en el trabajo.

Y tú, ¿has tomado decisiones con el corazón cuando tocaba hacerlo con la cabeza?

Y al revés, ¿también te ha ocurrido?

El lema del anuncio de televisión decía: «Si bebes, no conduzcas». Quizás ha llegado el momento de actualizar el mensaje: «Si te enamoras, no decidas». Jamás se me ocurriría sugerirte que no te enamores. Aquello que sí me atrevo a pedirte es que, si lo haces, separes el ámbito personal del profesional.

d) Cuanto más dudes, menos riesgo debes asumir

Ya lo sé, no puedo pedirte que no decidas si albergas alguna duda. Justamente debes decidir porque tienes dudas. Si no dudaras, la decisión ya estaría tomada y no necesitarías leer este libro.

Lo que sí puedo pedirte son dos cosas.

Primero, que si tienes dudas y puedes aplazar tu decisión, no elijas todavía.

Segundo, si tienes dudas y te ves en la necesidad de elegir, apuesta por la elección que más opciones abiertas te deje. Procura no cerrar puertas. Deja abiertas todas las que puedas. Porque, en caso de que tu decisión no haya sido del todo acertada, necesitas margen de maniobra para reaccionar. Se trataría de que, en caso de tener que decidir con dudas, apostaras por las elecciones reversibles, aquellas a las que puedes dar la vuelta.

Decía Miles Davis, el genial músico de jazz, que aquello que determina si una nota fue un error es la que tocas a continuación. Si fallas, y no sabes improvisar, todo el auditorio advertirá el error. Ahora bien, si no tocas la nota adecuada, pero enmiendas el error con la siguiente, ni siquiera el público más experto se dará cuenta de la equivocación. No te preocupes por la nota mal ejecutada, céntrate en la siguiente, lo decidirá todo.

Lo mismo ocurre cuando debes tomar una decisión y albergas serias dudas. No pretendas acertar. Eso es muy difícil, casi imposible. Céntrate en preparar la siguiente nota, la siguiente decisión. Opta por la reversible, por si toca rectificar.

Otro camino que puedes recorrer, insisto, en el supuesto caso de que te veas en la necesidad imperiosa de tomar una decisión y las dudas te asalten, consiste en buscar una tercera vía, ante una disyuntiva imposible.

Precisamente en estos días se ha publicado en la prensa la opinión de Jorge Valdano sobre la decisión que ha tomado Messi. Lionel debía elegir entre tres ofertas para continuar su carrera deportiva una vez decidido que quería cambiar de club: podía regresar al Barça, jugar en Miami o hacer caja en Arabia Saudí.

Esto es lo que ha declarado Valdano:

«El Barça le prometía gloria con riesgo y Arabia Saudí dinero sin gloria. La MSI (la liga de Estados Unidos y Canadá) es la elección más inteligente. Le pondrán una alfombra roja porque su sola presencia disparará su prestigio. Disfrutará de un fútbol exigente, pero compatible con la vida. Le pondrán el próximo Mundial en el jardín de su casa, lo ayudará a alargar el sueño de disputarlo, y nos permitirá a todos despedirnos poco a poco de su talento sin que la camiseta (no conozco a nadie que odie al Inter de Miami) interfiera». Pues eso es encontrar una tercera vía: ni Barça ni Arabia Saudí, sino Miami.

e) Coherencia entre objetivos, medios y valores

Nada ayuda tanto a tomar decisiones como tener muy claros los objetivos que se persiguen y las reglas del juego con las que se quieren alcanzar. No vale todo.

Tu trabajo consiste, en buena parte, en tomar decisiones. Tu equipo entenderá perfectamente que, si te pasas el día decidiendo, alguna vez te equivocarás. Aquello que jamás aceptarán es que no seas coherente al hacerlo.

He conocido a deportistas que se han pasado media vida persiguiendo un objetivo y lo han conseguido, y después de haberlo logrado han valorado que la inversión realizada no había valido la pena. Ya sea porque no era para tanto o porque para conseguir su meta tuvieron que traicionar alguno de sus valores más básicos y dejar de ser coherentes consigo mismos.

En el primer punto de este *check-list* te he preguntado: «Con esta decisión, ¿te acercas a tu meta?». Ahora te pregunto: «Con esta decisión, ¿respetas tus valores?». Si la respuesta es negativa, toca hacer otra parada en boxes.

f) Odio, miedo o ego

Si decides por odio, miedo o ego, tienes muchas opciones de equivocarte.

Decides por odio cuando no buscas tu bien, sino su mal. Estás confundiendo las necesidades. Lo haces para destruir, jamás para construir algo que valga la pena.

Decides por miedo cuando evitas, en lugar de afrontar. Si no afrontas, no aprendes nada.

Decides por egoísmo cuando estás más motivado por brillar que por hacer brillar. Está bien ser algo egoísta en el ámbito profesional, pero te quedarás solo si lo extrapolas a tu vida personal. El egoísmo te invalida para el trabajo en equipo, serás incapaz de anteponer los intereses colectivos a los particulares. Si eres egoísta solo podrás celebrar tus propios éxitos. Te lo adelanto, no van a ser muchos. En cambio, si eres solidario, podrás celebrar los tuyos y los de todas las personas que integran tu equipo, pues los sentirás también como propios. Tú decides si quieres dividir o multiplicar.

Un punto de egoísmo o tres de generosidad, ese es realmente el dilema.

g) ¿Qué decidiría con los criterios de mi madre?

Algunos de los valores que más me definen los he aprendido de mi madre. Falleció hace cuatro años y cada día pienso en ella, sobre todo cuando debo tomar una decisión importante. Precisamente cuando tomas decisiones es cuando de verdad se nota cuáles son tus valores. ¿Qué hubiera decidido ella en mi situación?

Cada vez que tomo una decisión con alguno de los valores que me transmitió ocurren dos cosas: siento seguridad (estoy siendo coherente con uno de mis valores básicos) y resucito un poco a mi madre (mueres del todo cuando caes en el olvido). Si mi madre hubiera decidido lo mismo que yo, voy bien. Sigamos. En caso contrario, le doy un par de vueltas más. Claro que no es obligatorio coincidir. Solo se trata de contar con una referencia más.

Te he puesto el ejemplo de mi madre, tú puedes inspirarte en quien quieras. Y, por supuesto, no hace falta que tu referente ya no se encuentre entre nosotros.

Llegados a este punto, debo advertir sobre dos cuestiones. Existe el peligro de tomar decisiones para hacer feliz a esa persona que utilizas como referente. En ese caso, te estarías autoengañando de nuevo. Un remedio útil para evitar esta confusión consiste en separar la persona de sus valores. En mi caso, no se trata de tomar las decisiones que agradarían a mi madre, se trata, más bien, de utilizar sus criterios para llevar a cabo mis elecciones.

En una ocasión me contó una buena amiga: «Mi madre no habría estado de acuerdo con mi decisión de irme a vivir a otro país. Pero resulta que me había transmitido los valores de la curiosidad, de conocer nuevas culturas y de plantearme retos ambiciosos. Justamente fueron esos valores que ella me contagió los que me llevaron a decidir cambiar de país».

Te dije en el primer capítulo que nadie nos enseña a tomar decisiones. Pues aquí está la excepción que confirma la regla: nuestros referentes sí lo hacen, aunque solo sea aportándonos criterios en forma de valores. En mi caso, mis primeros profesores en la toma de decisiones fueron mis padres.

h) No decidas solo para acertar, hazlo también para aprender
Muchas veces, acertar no solo depende de ti. Se escapa de tu control. Puedes poner todo de tu parte y fallar. Solo eres responsable de aquello que depende de tu voluntad. Es más, te presionas en exceso si tomas decisiones y te exiges acertar a la primera. Tom Watson, cofundador de IBM, decía: «Si quieres aumentar tu porcentaje de éxito, duplica tu porcentaje de fracaso».

Pretender acertar siempre es una pésima política. Si no fallas, no corriges. Y si no corriges, no mejoras. Cuando les digo esto a mis deportistas, los más exigentes se rebotan. Interpretan que les estoy pidiendo que no les debe importar que fallen. Este enfoque no es incompatible con la autoexigencia. Debes permitirte fallar, pero no debes permitirte repetir el mismo error dos veces consecutivas. Ahí está tu nivel de exigencia.

¿De qué sirve decidir y acertar si no has aprendido nada? No lo podrás repetir. Es pan para hoy y hambre para mañana. En cambio, cuanto más aprendas, más acertarás.

Mi pregunta en esta ocasión es la siguiente: falles o aciertes, si tomas esta decisión, ¿aprenderás alguna cosa? Si vislumbras que puedes acertar, pero no sabes por qué, no aprenderás nada. Tener suerte no garantiza el aprendizaje. ¿De qué te sirve acertar, entonces?

i) Comité de expertos

Crea tu propio equipo de gala. Está integrado por personas que cumplen con alguna de las siguientes condiciones:

- Te quieren tanto que se atreven a decirte lo que piensan, no lo que tú quieres oír.
- Todo cuanto te dicen, te lo dicen por tu bien. Te lo han demostrado en más de una ocasión.
- Justamente porque te valoran, te exigen. Solo se conforman con tu mejor versión.
- Tienen criterio, son valientes y apasionadas, por eso defienden sus puntos de vista con determinación.
- A menudo, toman decisiones de vital importancia.

No te rodees de personas fieles que te hagan la pelota. Relaciónate con personas talentosas y comprometidas que te hagan crecer.

Dirígete a cada uno de los integrantes del comité, por separado, y pídeles su opinión sobre tu decisión: «He tomado esta decisión. Me la quitas de la cabeza o me ayudas a desarrollarla».

Y prepárate para escuchar. Recuerda que escuchar es estar dispuesto a cambiar de opinión. Si te convencen, claro. Que formen parte de tu comité no significa que siempre tengan razón.

Si después de escucharlos a todos sigues pensado que tu decisión es la más adecuada, no te lo pienses más: ha llegado el momento de pasar a la acción. Si, por el contrario, te han generado alguna duda, revisa el apartado *d)* de este *check-list.*

Una advertencia, en relación con el *casting* para formar parte del comité: procura que sea diverso y que represente varios puntos de vista, incluso diferentes a los tuyos. No selecciones solamente a personas que se parezcan a ti. Quizá quien más puede aportarte es aquella persona con opiniones que te causan perplejidad, la persona que cuestiona tus creencias más básicas y no da nada por supuesto. No selecciones clones, busca complementarios.

Quédate con esto

Check-list para aumentar las posibilidades de acertar con tu decisión:

a) Si has decidido para evitar, te has equivocado.

b) Si no puedes asumir su peor consecuencia, has arriesgado demasiado.

c) Decisiones profesionales: más cabeza que corazón. Decisiones personales: más corazón que cabeza.

d) Cuanto más dudes, menos riesgo debes asumir.

e) Si tu decisión no es coherente, te arrepentirás.

f) Si decides por odio, miedo o ego, no funcionará.

g) Si no tienes presentes los criterios de tus referentes, revisa tu elección.

h) No decidas solo para acertar, hazlo también para aprender.

i) No quieras decidir solo, pide consejo.

7.
Ayudas para tomar decisiones

Con los criterios sugeridos en el capítulo anterior podrás valorar una decisión ya tomada. Con las ayudas que te proporcionaré en este apartado podrás afinar tu decisión antes de ser ejecutada, por lo que tendrás más probabilidades de acertar y, sobre todo, de no arrepentirte de haberla tomado.

Quizás una de las palabras que mejor define a la psicología sea «depende». En mis conferencias, propongo un método infalible para reconocer a un psicólogo: hacerle cualquier pregunta. Si es un profesional de la psicología, la primera palabra que dirá al responder es precisamente «depende». Y si es un buen profesional, especificará de qué depende. Las pistas de este capítulo irán en esta dirección, tratarán de que tu decisión sirva para hacer un vestido a medida de la situación y de tu objetivo. No esperes más que esto, es imposible, en un solo capítulo, atender a todas las circunstancias. Pero te aseguro que contar con estas ayudas puede marcar la diferencia.

a) *Si tienes una ventaja, aprovéchala*

Si tienes una ventaja, aprovéchala ya. Si especulas con ella, la puedes perder.

¿Cuántas veces te ha pasado?

Andas buscando aparcamiento. Por arte de magia aparece una plaza libre, pero está algo lejos del lugar donde se celebra el acto al que asistes. La pereza te juega una mala pasada y decides probar fortuna: aparcar en la puerta del lugar sería un chute de autoestima. Te acercas y todo está ocupado. Cuanto más te acercas, más te arrepientes de no haber aprovechado la oportunidad. No hay manera de aparcar. Con mucha resignación, decides regresar al lugar que estaba libre. Al fin y al cabo, no estaba tan lejos. Llegas y la vida te da una lección: ocupado. Terminas por estacionar tu vehículo en el Polo Norte. La próxima vez que encuentres una plaza libre, aparca ya.

Esto es algo que aprendí del deporte y que me simplifica la toma de decisiones. Es más, podría contar con los dedos de una mano las veces que me he arrepentido de aprovechar una ventaja. En esta vida, jugar con ventaja suele resultar decisivo.

Otra cosa es cómo aprendo a identificar que ahora mismo tengo una ventaja. Te daré una pauta que hace referencia a tu actitud. ¿De qué estás más pendiente: de las limitaciones o de las posibilidades? Te resultará muy difícil descubrir ventajas si te centras solamente en los inconvenientes, en aquello que puede ir mal. En cambio, si te fijas solamente en las posibilidades, las ventajas aparecen solas.

b) ¿Cuándo cambiar?

Muchas personas abandonan su objetivo cuando no lo consiguen. Me parece muy criticable, porque se arrepentirán toda la vida de no haberlo intentando un poco más, con algo más de sabiduría y más preparación. Como el niño pequeño que no lo consigue en los primeros intentos, agarra una buena rabieta y lo deja. Sin duda alguna, aquel no era el momento de cambiar. Su inmadurez le condujo a tomar una decisión precipitada.

Otras personas, algo más persistentes, cambian cuando cuesta mucho alcanzar su propósito. A mis deportistas no les permitía utilizar la expresión «es muy difícil». Por supuesto que lograr metas realmente ambiciosas es muy difícil, pocas cosas grandes se logran sin esfuerzo, sacrificio y compromiso.

Entonces, ¿cuándo cambiar de objetivo?

Ni cuando no se logra, ni cuando cuesta mucho alcanzarlo. Creo que el momento de cambiar, de renunciar a un objetivo para marcarse otro distinto, se produce cuando ya no te ilusiona volver a intentarlo.

Si te planteas marchar, ya te has ido. Has introducido una duda y esta terminará por destruir tu confianza. Es como aquella pequeña grieta que se acaba haciendo cada vez más grande y acaba partiendo la piedra en dos. Pedía a mis deportistas que no dudaran cuando estaban compitiendo. Prefería que fallaran. Un fallo te quita un punto y una duda, la confianza. Sin confiar en tus posibilidades no puedes ofrecer lo mejor de ti.

De la misma forma, si tomas la decisión de pagar todo

el precio que cuesta lograr una meta, ya estás un poco más cerca de ella. De hecho, ya has dado el primer paso: comprometerte a pagar todo su precio. Si realmente lo haces, aumentarás tus probabilidades de alcanzarla y evitarás echarte en cara que no lo pusiste todo de tu parte. Por todo ello me gusta decir que todo comienza con una decisión (voy a pagar todo su precio) y termina con una duda (no sé si podré hacerlo). Lo contrario de seguridad se llama duda. Una sola duda se carga toda la confianza.

c) Si la vida te da limones...

Si la vida te da limones y tú querías hacer naranjada, regala los limones a tus vecinos y déjate el alma por conseguir naranjas.

Te digo más, no caigas en el error de creer que siempre estás a tiempo de hacer limonada. Repasa el apartado *a)*. Puede que la vida se canse de regalarte limones y comprobar que no los aprovechas. La plaza libre de aparcamiento no estará ahí toda la vida. Con toda seguridad, tarde o temprano alguien la ocupará.

La vida no te da siempre lo que quieres, pero muy a menudo te coloca muy cerca de lo que necesitas. Las cosas no ocurren justo cuando las necesitas. Ocurren siempre, pero tú solo las ves cuando las necesitas. Las cosas no suceden por algo. Más bien diría que no paran de suceder. Ahora bien, una vez te han sucedido, les puedes conceder un sentido en tu trayectoria vital.

d) Calibra cuánto riesgo puedes asumir

Si no asumes cierto nivel de riesgo, no has decidido. Ninguna decisión segura cambió el mundo. Otra cosa es cuánto riesgo debes asumir. De momento, solo te he propuesto un criterio para dosificarlo: no tomes una decisión si no puedes asumir su peor consecuencia. Creo que ha llegado el momento de darte más pistas para calibrar el riesgo. Como bien sabes, este es relativo. Depende de la preparación y del talento. Para mí, tomar una curva a 120 km/hora sería un suicidio, pero para Carlos Sainz es un calentamiento. Poco talento y poca preparación, asumir un riesgo sería una temeridad. Gran talento y mucha preparación, asumir un riesgo controlado forma parte del invento.

En una ocasión escuché decir a Ferran Adrià, un cocinero muy valorado por su innovación, que asumir un riesgo consistía en probar algo que tenía un 95 % de probabilidades de fracasar. Se lo comenté a un entrenador profesional de fútbol con el que estaba trabajando y me soltó: «Este tipo es un fenómeno, no te jode... ¿Sabes qué pasa si falla? ¡Él lo echa a la basura! ¿Sabes qué me pasa a mí si pierdo tres partidos seguidos? ¡Pues que me echan a la basura!». No es lo mismo arriesgar en la cocina que en el terreno de juego. Ten bien presente el ámbito profesional en el que te encuentras en el momento de calibrar la cantidad de riesgo que debes asumir en tus decisiones.

e) *Juega con las perspectivas*

Cuanto más transcendente es la decisión a tomar, más a largo plazo la debes valorar. Para decisiones poco transcendentes, luces cortas. Para decisiones vitales, las largas. Un ejercicio interesante consiste en tomar la misma decisión desde las tres perspectivas temporales (corto, medio y largo plazo), por separado. No tanto para ver si coinciden, sino más bien para descubrir a qué das más importancia. Por ejemplo, ¿te ves capaz de continuar diez años más en tu lugar de trabajo? Si la respuesta es negativa, no esperes diez años para cambiar. A veces, ver las cosas desde lejos aporta claridad. Quizá por esto mismo, en las galerías de arte, los entendidos toman cierta distancia para contemplar las obras.

Ver las cosas desde cerca también presenta ventajas, permite descubrir los detalles. Plantearse decisiones a corto y medio plazo ayuda a detectar el momento idóneo para cambiar.

Imagina que una pareja decide compartir un proyecto vital que incluye a largo plazo crear una familia. En cuestión de seis años, si todo va bien, se ven felizmente casados y con dos hijos. Mientras, en la convivencia del día a día, la pareja muestra una marcada dificultad para resolver los conflictos cotidianos. Una decisión coherente sería, jugando con la perspectiva a corto plazo, si en unos meses no han sabido superar esa dificultad, replantearse los planes de futuro.

Otra perspectiva que puede aportarte alguna pista en el instante de tomar decisiones es la posición que adoptas, esto es, desde qué rol miras las cosas sobre las que vas a decidir.

En un equipo deportivo no tienen el mismo punto de vista el jugador, el entrenador y el presidente. El jugador muchas veces atiende a sus intereses particulares, aunque no debería ser así. El entrenador defiende los intereses de todo el equipo, aunque solo del equipo que lidera. Y el presidente vela por todos los equipos del club. A medida que la responsabilidad aumenta, el enfoque se vuelve más general. Se aparta del detalle, que solo se advierte desde cerca, y se centra en la globalidad. Antes de tomar una decisión deberías tener claro si tu rol es jugar, entrenar o dirigir. Eso determinará la distancia y el tiempo que necesitarás.

Cuanta más sea la responsabilidad, más distancia deberás tomar para pensar.

Te cuento una anécdota personal para ilustrar este punto. Cuantos más seguidores tengo en mis redes, esto es, cuanta más responsabilidad siento que tengo, más dejo enfriar mis contenidos (más tiempo pasa entre que los creo y finalmente los publico) y más me preocupa estar representando a la psicología.

Al principio, padecía incontinencia verbal: publicaba lo primero que me pasaba por la cabeza y apenas me planteaba si todo aquello representaba dignamente a mi disciplina. Funcionaba a corto plazo y desde mi perspectiva particular. Por suerte, con el tiempo, he ampliado mi enfoque: ahora procuro funcionar a medio y largo plazo, desde la perspectiva más global que soy capaz de adoptar. Todo ello, sin perder mi identidad. Justo ahí radica, para mí, la principal dificultad.

f) Las fases del cambio

He querido dejar para el final de este capítulo la mejor pista que te puedo dar para tomar decisiones. De hecho, no te la voy a dar yo, te la ofrecen los psicólogos James Prochaska y Carlo DiClemente a través de su Modelo Transteórico del Cambio, elaborado en 1982. Según este enfoque, una persona que quiere abandonar un hábito pasa por una serie de fases. El modelo se ha mostrado útil para conseguir cualquier propósito, más allá del cambio de conductas adictivas para el que fue creado.

Antes de tomar cualquier decisión que implique cambiar, toma consciencia acerca de la etapa del cambio en la que te encuentras actualmente. Saber en qué fase estás del camino ajusta tus expectativas y te prepara para la siguiente etapa. Es más, te ayuda a no precipitarte. Los procesos no pueden acelerarse. Por más que estudies no puedes aprender a hablar ruso en una semana.

- Etapa precontemplativa: la persona ni siquiera se plantea la necesidad de cambiar. No ve la necesidad. No cree tener ningún problema que le obligue a hacerlo.
- Etapa contemplativa: el individuo sí se plantea la necesidad de cambiar, aunque también encuentra razones para seguir igual. Cree que, de existir un problema, lo tiene controlado.
- Etapa de preparación: el sujeto sí admite la necesidad del cambio y se prepara para conseguirlo.
- Etapa de acción: quien está transitando por el proceso realiza acciones con el firme propósito de cambiar.

- Etapa de mantenimiento: la persona sigue realizando acciones con el objetivo de mantener los cambios conseguidos en la etapa anterior y prevenir así una posible recaída.
- Etapa de recaída: la recaída no demuestra que todo el camino andado no ha valido la pena. No ser capaz de superarla, puede que sí. Superar una recaída fortalece los avances logrados. No ser capaz de superarla y perder el control sí cuestiona el procedimiento seguido para llegar hasta ahí.

Quédate con esto

Pistas para tomar decisiones y no arrepentirse:

a) Si tienes una ventaja, aprovéchala.

b) Cambia cuando ya no te haga ilusión volverlo a intentar.

c) Si la vida te da limones y tú querías hacer naranjada, déjate el alma para conseguir naranjas.

d) La preparación y el talento determinan cuánto riesgo puedes asumir.

e) Cuanto más transcendente es la decisión, más a largo plazo la debes valorar.

f) Si tu decisión implica un cambio, sé consciente de la fase del cambio en la que te encuentras actualmente.

Una vez tomada la decisión

Ha costado, pero ya has tomado una decisión. Una vez tomada, ¿qué puedes poner de tu parte para lograr que resulte ser la buena? En otras palabras, ¿qué más depende de ti para no tener que arrepentirte? Poco más, la verdad, pero ese poquito de más puede resultar determinante. Así que procura tenerlo en cuenta. En tus manos lo dejo.

a) Una vez tomadas, las decisiones no se revisan hasta el final
Tómate el tiempo que necesites para decidir, pero, una vez tomada la decisión, jamás la revises mientras la ejecutas. Nada genera tanta desconfianza como replantearte a cada paso si la decisión ha sido la correcta. Una vez tomada, la defiendes con uñas y dientes hasta el final. Será entonces, cuando termine el intento, el momento de valorarla. Las notas, a final de curso.

Hacerlo durante el intento tendrá fatales consecuencias para tu ejecución.

En primer lugar, te distraerá, pues estarás más pendiente de replantear tu elección que de hacer buena la que has tomado. Parálisis por análisis. En segundo lugar, te entrarán dudas. Y una sola duda se carga toda la confianza. Y, para terminar, si albergas alguna duda, no pondrás toda la carne en el asador. La estás saboteando y deberías ser su principal defensor.

Para ejemplificarte esta pauta voy a explicarte un caso. En esta ocasión no se trata de uno de mis deportistas, sino de uno de los deportistas que trabajó con el psicólogo alemán Hans Eberspächer. Tuve la oportunidad de participar en uno de sus cursos.

Deporte: Tiro
Modalidad: Pistola
Demanda: Dejar de dudar

Problema: Se trataba de un gran tirador, cargado de dudas. Disponía de un tiempo para disparar. Y dudaba tanto que no le daba tiempo a apretar el gatillo.

Realizaba su rutina previa al disparo y olvidaba uno de sus pasos. La repetía y, estando a punto de disparar, notaba un fuerte picor en la nariz. Se rascaba la nariz y repetía la rutina. En esta ocasión su cuerpo había quedado ligeramente inclinado hacia atrás. Repetía la... ¡Tiempo!

Era muy bueno, pero no lo podía demostrar. Revisar sus decisiones a cada instante le generaba inseguridad.

Recurso
Tómate el tiempo que necesites para iniciar tu rutina. Y, una vez iniciada, pase lo que pase, síguela hasta el final. Y cuando

la termines, estés como estés, dispara. Es más, no hace falta que valores cómo estás, no te servirá de nada. Dispara de todas formas.

Reestructuración cognitiva
Ser un buen tirador no consiste en saber disparar cuando se dan todas las condiciones ideales. Un buen tirador es capaz de hacerlo en cualquier situación, sea o no favorable.

Resultado
El tirador dejó de autoevaluarse durante su rutina. Ya no tenía sentido, porque se trataba de disparar de cualquier manera. Quizá, justo por eso, redujo sus dudas y le dio tiempo a disparar. Sus disparos fueron buenos: su calidad y su concentración le permitieron rendir bajo presión.

b) Quien hace todo lo que puede sí está obligado a más
Si no defiendes con determinación tu decisión y esta no logra el objetivo, nunca sabrás si no ha funcionado porque te equivocaste (tendrías que haber tomado otra decisión) o porque te faltó convencimiento (no creíste lo suficiente en tu elección). ¿Qué faltó? ¿Acierto o determinación?

Quien hace todo lo que puede sí está obligado a más, a creer que se podía. A creer que, haciendo todo eso, se lograría el objetivo. De lo contrario, te convertiste en un/a impostor/a. Lo hacías a medio gas para que no funcionara.

Como dice Cachito Vigil, el entrenador de las Leonas argentinas de hockey hierba: «Qué hacemos es importante, cómo lo hacemos es determinante». Lo mejor que puedes hacer por tus decisiones es apostar fuerte por ellas hasta el final. Puesto que has sido tú quien ha tomado esa decisión, hazte responsable de ella y defiéndela hasta la saciedad. Las épicas remontadas de Rafa Nadal pueden tener su explicación en esta pauta. No se deja el alma en cada bola para causar buena impresión al público, para transmitir valores, ni para impresionar al rival. Lo hace porque está convencido, y la realidad no deja de darle la razón, que si confía ciegamente en cada golpe tiene más opciones de llevarse el gato al agua. Rafa tiene fe ciega en el «cómo» se hacen las cosas. Cuántas veces has oído decir a los comentaristas del partido: «La victoria se ha puesto casi imposible, pero si existe un jugador capaz de revertir la situación es Nadal».

c) Si las circunstancias cambian, puedes cambiar la decisión
Las personas que no saben de psicología dicen: «No cambies nunca...».

Cambia cada vez que lo necesites, faltaría más.

«Porque me gustas así, no cambies nunca», vaya ataque de egoísmo.

Las personas que no se han formado en psicología también dicen: «Sal de tu zona de confort...».

Depende. Si quieres evolucionar, de acuerdo, pero si lo que necesitas ahora es algo más de confianza, te aconsejo que te quedes un ratito en tu zona de seguridad.

Las personas que no aman la psicología dicen: «Jamás abandones tu sueño...».

Abandónalo cada vez que te esclavice.

No renunciamos a nada, cambiamos de objetivo. Las necesidades evolucionan, y cuanto hacemos para satisfacerlas, también. Menos mal, por cierto. De lo contrario, aún estaría preparándome para ser astronauta. Ahora ya no quiero ir a la Luna, ahora la quiero tocar. Por eso cuando sea mayor quiero ser poeta. Algo que de joven jamás me había planteado.

La palabra «renunciar» nunca me ha caído bien. Huele a intento fallido y, en realidad, sabe a victoria. Más que renunciar, nos adaptamos a los cambios. Y lo primero que cambia son nuestras necesidades.

Tomar decisiones de forma deliberada y consciente, sin limitaciones de ningún tipo, quizá sea una de las formas más genuinas de ejercer la libertad. Si tomar una decisión te convertirá en su esclavo para toda la vida, mejor que no la tomes si te lo puedes permitir.

Si cambian las circunstancias no hace falta que esperes hasta el final para cambiar. Hazlo ya, en cuanto te des cuenta de que algo importante ha variado. Ahora bien, si nada cambia, recuerda el primer punto de este capítulo: hasta el final con determinación.

No revisar las decisiones, creer en lo que se hace y solo cambiar cuando cambian las circunstancias, son tres buenas ideas. De ellas depende que tu decisión funcione.

Una mala decisión, por bien defendida que esté, tiene muchas probabilidades de fracasar. La mejor decisión posible, si no respeta estos tres puntos, se estrella seguro. Y una elección regular puede convertirse en la mejor de todas, gracias a una buena puesta en escena.

Quédate con esto

¿Qué puedo hacer, una vez tomada mi decisión, para aumentar las posibilidades de que funcione?

a) No revisarla hasta el final.

b) Creer en ella, no dudar y defenderla con determinación en todo momento.

c) Ajustarla si las circunstancias cambian.

9.
La síntesis del método

Trataré de sintetizar los contenidos de este libro por medio de una serie de preguntas, que creo pueden servirte de mapa y hoja de ruta, para saber dónde te encuentras y hacia dónde quieres ir.

Antes de tomar una decisión

- ¿Qué quiero conseguir con esta decisión que voy a tomar?
- ¿Puedo decidir libremente entre varias opciones para alcanzar ese objetivo?
- ¿Tengo claros los valores que marcarán las reglas del juego con las que debo decidir?
- ¿Tengo claro cuánto riesgo puedo asumir y de cuánto tiempo dispongo para tomar la decisión?

Si no puedes contestar alguna de estas preguntas busca más información y aplaza tu elección. Si para todas tienes respuesta, estás en condiciones de tomar una decisión.

Una vez tomada una decisión, justo antes de pasar a la acción

La decisión tomada...

- ¿Pretende acercarte a tu objetivo?
- ¿Puedes asumir su peor consecuencia?
- ¿Te sientes satisfecho/a de haber tomado esa decisión?
- ¿Es coherente con tus valores?
- ¿Has tenido en cuenta los criterios de tus referentes?
- ¿Te servirá, pase lo que pase, para extraer algún aprendizaje?
- ¿Has pedido consejo antes de tomar esta decisión?
- ¿Estás seguro/a de no haber elegido por odio, miedo o egoísmo?

Si no puedes responder afirmativamente a alguna de estas preguntas, revisa tu decisión. Si todas las respuestas son un «sí», pasa a la acción.

Una vez tomada una decisión, durante la acción

- ¿Estoy revisando continuamente mi decisión?

Si respondes «sí» no estás haciendo todo cuanto está en tus manos para que tu decisión funcione.

Una vez finalizada la actuación

- ¿Qué no ha salido cómo esperaba?
- ¿Qué podría mejorarse en una próxima decisión?

Hasta aquí te he hablado de lo que considero es el mejor método para tomar decisiones. En los siguientes capítulos voy a proponerte valores, hábitos, estilos de vida y herramientas psicológicas que te ayudarán a entrenarte en el proceso de la toma de decisiones.

Parte III
El entrenamiento

10.
¿Por qué me cuesta tanto decidir?

Puede que el fallo esté en el objetivo, en la información o en la confianza.

Si te gustan los restaurantes, pero no vas para evitar tomar decisiones, tengo una buena noticia para ti: existen los menús degustación. Una sola decisión y el festival gastronómico está servido. Déjate llevar. Ellos lo deciden todo por ti. Incluso los maridajes con el vino están previstos.

Ahora bien, si no solo sufres en el restaurante, sino que sudas tinta cada vez que vas a comprar, tomas algo con los amigos o la vida te coloca en una encrucijada, entonces significa que presentas una dificultad manifiesta para tomar decisiones.

Si la dificultad fuera para cambiar bombillas, no pasaría nada... ¿Cada cuánto tiempo cambias una bombilla? Te digo más, ¿cuántas bombillas has cambiado en toda tu vida? Pues eso.

Ahora bien, si la dificultad es para llevar a cabo una acción que realizas decenas de veces cada día y sin la cual no puedes vivir, la cosa se complica. Si tanto te cuesta elegir si tomas un zumo o una cerveza, no quiero pensar qué puede ocurrir cuando debas tomar decisiones que puedan marcar tu vida. A continuación trataré de responder la pregunta que da título a este capítulo.

Puede que sea así de sencillo: te cuesta tanto decidir porque no tienes claro el objetivo de la decisión o te cuesta encontrar el camino a seguir porque no sabes dónde vas.

¿Dónde voy de vacaciones?

Tengo encima de la mesa tres posibles destinos, tres opciones que me apetecen mucho y están al alcance de mis posibilidades. Ya, pero...

¿Cuál es el principal objetivo de este viaje?

Espera que piense... ¡Ya! Descubrir nuevos lugares, cierta dosis de aventura, incluso me atrevería a decir, experimentar algo de riesgo. Eso sí, riesgo controlado. Es cuanto me pide el cuerpo.

Pues la decisión está tomada. De los tres destinos, dos son conocidos y el tercero está por conocer. Sí, pero vale más malo conocido que bueno por conocer. No, si aquello que necesitas es precisamente riesgo.

Si a pesar de tener muy claro el objetivo sigues dudando, entonces puede que te falte información. Debes documentarte sobre las opciones de aventura que cada uno de los tres destinos podría ofrecerte.

Resulta que, después de invertir un fin de semana en esta tarea, llegas a la conclusión de que el lugar que todavía no has visitado dispone de la mayor oferta de actividades para subir la adrenalina. Más aún, es el único de los tres que permite ir improvisando día a día tu ruta. Los otros dos destinos implican necesariamente un viaje organizado. Se acabaron las dudas. La decisión está tomada.

Tienes clarísimo el objetivo y dispones de la información necesaria, pero tus dificultades para tomar la decisión persisten todavía. Entonces, Houston, tenemos un problema: falta de confianza. No te crees capaz de tomar buenas decisiones. Probablemente, tu historia de decisiones, esto es, las decisiones importantes que has tomado hasta ahora, sustentan esta creencia.

Llegados a este momento, debo decirte dos cosas:

• No es tu historia, es cómo la interpretas.
• Cuanto más evites tomar decisiones, más aumentará tu miedo a tomarlas.

Si te hallas en esta circunstancia te propongo dos caminos:

A) Cambia el criterio de éxito
Si de cada diez decisiones importantes te arrepientes de seis, no has suspendido. Lo normal es fracasar. El fracaso nos recuerda que la mayoría de las cosas importantes no dependen de nosotros.

B) La única forma de superar un miedo consiste en afrontarlo
Comienza por las decisiones intranscendentes y continúa con las cotidianas. En cuanto suba tu confianza atrévete con

las importantes. Da más confianza atreverse y fallar que no atreverse.

Y para terminar este capítulo quiero darte una buena noticia: el efecto «bola de nieve» también puede aplicarse a la toma de decisiones. Decidir es adictivo. Aquello que genera dependencia no es acertar, sino el subidón que produce sentir que estás ejerciendo control sobre tu vida. Cuanto más decides, menos te cuesta decidir. En eso consiste el efecto «bola de nieve». Tu capacidad para tomar decisiones vitales es cada vez mayor a medida que le das vueltas, que la ejerces.

Basándome en este efecto, te aconsejo que, cuando te bloquees y no puedas tomar una decisión concreta, lo hagas sobre otro tema distinto, mucho más fácil de dirimir. Tomar esa decisión más fácil te proporcionará la confianza necesaria para encarar de nuevo la más difícil y evitará alargar el bloqueo.

Quédate con esto

En resumen, tus dificultades para tomar decisiones se reducirán si utilizas alguna de estas estrategias durante un largo período de tiempo:

- Clarificar tus objetivos
- Informarte sobre cada una de tus opciones
- Prohibido evitar
- Cambiar tu criterio de éxito
- Quédate un ratito más en tu zona de confort si sientes que te falta confianza

Recuerda una de las pautas que incluí en el *check-list*: no decidas solamente para acertar, decide también para aprender. Cuanto más aprendas, más acertarás.

11.
Para aprender hay que fallar

No quiero engañarte. No quiero darte a entender que el objetivo de esta guía es eliminar el error en la toma de decisiones. Ni es posible, ni es aconsejable. El error forma parte del proceso de aprendizaje. La primera fase de cualquier cambio consiste en cometer errores. Me fijo, pero no me sale.

Entonces, ¿para qué sirve este libro? Para minimizar el error y las dudas en el momento de decidir.

Para lograrlo deberás hacerte amigo/a de tres virtudes. Ellas te ayudarán a no naufragar en el océano de las decisiones.

Te presento a los tres amigos de la toma de decisiones:

1) La humildad
La humildad necesaria para reconocer errores en tus decisiones.

Cada vez que pones una excusa pierdes una oportunidad de aprender.

Debías tomar una decisión laboral: elegir un nuevo jefe de área. Tres candidatos para un único puesto de trabajo y te precipitaste. La persona elegida abandonó la empresa al cabo de seis meses.

Podrías lanzar balones fuera y decir que la persona contratada no supo adaptarse a su nuevo entorno laboral. Podrías excusarte también en su falta de flexibilidad, seguro que no le ayudó a encajar en el nuevo cargo. Incluso podrías echar la culpa a su tutor y argumentar que no hizo un buen acompañamiento del recién incorporado.

Pero sabes que tu falta de rigor, a veces, te juega malas pasadas. Algo se te pasó por alto y no sabes qué fue. La suerte es que lo reconoces. Por desgracia, no es la primera vez que ocurre.

2) El análisis

De nada sirve reconocer que has fallado si no sabes qué debes corregir para no volver a fallar en la siguiente selección.

Volviendo al ejemplo anterior, tienes claro que olvidaste preguntar por algún tema relevante, pero, si no analizas las respuestas de los entrevistados, no descubrirás que olvidaste evaluar la compatibilidad de los valores de los candidatos con los de la organización. De haberlo hecho jamás hubieras contratado a esa persona.

3) La persistencia

Una vez sabes qué debes corregir necesitas practicar hasta corregirlo. Practica, practica y practica para convertir en un hábito el nuevo aprendizaje.

En este justo instante conviene recordar la distinción

entre persistencia y obstinación que te propuse en el capítulo 2. Cada vez que lo intentas de nuevo, ¿lo haces con ilusión? Cada vez que lo intentas de nuevo, ¿cambias algo? Si ya no te ilusiona volverlo a intentar y sigues, te estás obstinando. Si ya no cambias nada entre los sucesivos intentos y no aprendes nada, sigues fallando y continúas, te estás obstinando. En ambos casos deberías abandonar.

En el caso que nos ocupa se trataría de comenzar cada entrevista preguntando por los valores de la persona que tienes delante. Repetir este ritual hasta automatizarlo, de manera que sea imposible olvidarlo.

Humildad para reconocer que te has equivocado, análisis para identificar el error y persistencia en el esfuerzo para corregirlo. Esta es mi propuesta para reducir, en la medida de lo posible, los errores en tus decisiones.

Humildad para reconocer la necesidad de contar con protocolos de evaluación de los candidatos, por mucha experiencia que tengas en esta tarea. Análisis para darte cuenta de que aquello que olvidas sistemáticamente consiste en evaluar la compatibilidad de los valores de los candidatos con los de la organización. Y, finalmente, la persistencia necesaria para adquirir el hábito de comenzar todas las entrevistas identificando los valores de los entrevistados.

Si cada vez que la realidad te demuestra que tu decisión no fue del todo acertada, aplicas este método y recurres a tus tres amigos, vas a corregir muy rápido. Y, muy probablemente, cada vez errarás menos.

Quiero contarte una anécdota y proponerte una última

idea sobre la necesidad de cometer errores, también en la toma de decisiones.

En una ocasión, un amigo participó en un proceso de selección para trabajar en un parque de bomberos en Estados Unidos. Presentó un currículum brillante y un alto nivel de inglés. Llegó a la ronda final de entrevistas, y prometo que nada tiene que ver con el ejemplo anterior.

El encargado de la selección le aseguró que jamás había visto un mejor currículum, pero lamentó no poder contratarlo. Este fue el fragmento del diálogo que quiero destacar:

- Amigo: Así pues, ¿por qué no puede contratarme?
- Encargado: ¿Usted nunca la ha cagado?
- Amigo: ¡Claro, muchas veces!
- Encargado: Entonces, usted ha mentido en el currículum, pues sus errores no aparecen en él...
- Amigo: No sé qué decirle.
- Encargado: Yo sí. No podemos confiar en alguien que no admite sus errores.

Desde que supe de esta anécdota aconsejo a los deportistas con los que trabajo crear un nuevo apartado en su currículum. Lo titulamos «Currículum Errare» y en él destacamos entre tres y cinco fracasos significativos que han cosechado a lo largo de su vida. Al lado de cada fracaso aparece el aprendizaje que esa experiencia ha reportado a la persona.

Desde que empecé a recomendar esta práctica, os puedo

asegurar que el «Currículum Errare» sirve, por lo menos, para que telefoneen a los candidatos y les entrevisten. Reconocer tus propios errores tiene ventajas, pero no hace milagros.

Espero haberte transmitido la necesidad de equivocarte.

Quédate con esto

Por más que apliques las estrategias propuestas en esta guía cometerás errores al tomar decisiones.
¿Cómo sacar aprendizajes de estos errores?

a) Con humildad
Para reconocer los errores como propios.
Cada vez que pones una excusa pierdes una oportunidad de aprender.

b) Con análisis
Para identificar qué se debe corregir.

c) Con persistencia
Para practicar hasta corregir.
Práctica, práctica y práctica.

12.
La preparación
para la toma de decisiones

«El entrenamiento para la toma de decisiones
debe ser más difícil que un partido».

WAYNE SMITH
Exjugador de *rugby*, de los All Blacks,
jugaba de apertura.
Entrenador de *backs* de los All Blacks,
ayudante del mítico STEVE HANSEN.

Aunque he comenzado este capítulo con una cita deportiva,
los recursos que a continuación se presentan son igualmente válidos para todos aquellos profesionales que acompañan
a personas en la toma de decisiones. Me refiero a maestros,
profesores, entrenadores, psicólogos y educadores en general. Si me apuras, también a padres y madres motivados por
enseñar a sus hijos a andar por la vida.

El entrenamiento en la toma de decisiones debe incluir
dos tipos de sesiones: las preparatorias y las de puesta en

escena. Las primeras servirán para elaborar todo el material que se pondrá en práctica durante las segundas.

En la parte más teórica se identificarán las señales más relevantes para tomar decisiones y se confeccionarán árboles de decisión (señales ordenadas en el tiempo). En la parte más práctica se ensayarán estas estrategias bajo presión. Para añadir presión al entrenamiento dispones de varios recursos:

a) Limitar el tiempo para tomar decisiones (hacerlo más corto de lo habitual)
b) Aumentar la dificultad técnica de los ejercicios
c) Simular la competición durante el entrenamiento
d) Sanciones colectivas para los errores individuales no forzados

En la selección junior de waterpolo femenino entrenamos la toma de decisiones por medio de la visualización de jugadas y de sus correspondientes variantes. Aquello que en realidad entrenábamos era de qué debían estar pendientes en cada momento del juego, en función de la jugada/variante que estábamos haciendo, de la posición de las jugadoras en el arco y de las reacciones del rival. Buscábamos simplificar al máximo la toma de decisiones, tanto en defensa como en ataque.

¿Cómo? De dos formas:

a) *Automatizando la toma de decisiones*

Si pasa esto haces esto otro. Y lo repetíamos, con práctica real e imaginada, las veces necesarias hasta que se aprendía de memoria.

b) *Simplificando las posibles decisiones a tomar*

Cuando no podíamos automatizar la toma de decisiones, por tratarse de una situación más compleja, limitábamos las elecciones a dos o tres posibilidades.

Entonces, para introducir la presión a la que hace referencia la cita de Wayne Smith, hacíamos exámenes sorpresa de táctica, así les llamábamos, en cualquier momento del día.

Un folio con diez situaciones que las jugadoras debían visualizar y unas preguntas que debían responder en un tiempo muy breve. Veamos un ejemplo:

Estamos haciendo tal jugada, tú juegas de 4 (en la posición 4 del arco de ataque), recibes la pelota, ¿qué es lo primero que debes mirar? ¿Y lo segundo?

1.º ——————

2.º ——————

Después de mirar estas dos cosas, ¿qué puedes decidir?

1.º ——————

2.º ——————

Especifica qué debe ocurrir en el juego para que tomes la 1.ª o la 2.ª decisión.

1.º _____

2.º _____

¿Podrías inventar algo durante esta acción?

_____

¿Qué debería ocurrir para hacerlo?

_____

A menudo me gusta decir que los Juegos Olímpicos no son cada cuatro años, sino cada día. Practica, practica y practica para... Todo aquello que no se automatiza o que no se convierte en un hábito se olvida bajo mucha presión. La toma de decisiones no es una excepción. De la misma manera que cada día se prepara el cuerpo, cada día debe entrenarse la toma de decisiones. Más aún en los deportes de colaboración y de oposición. Si lo haces con tus jugadores/as no olvides añadir presión a la receta. De nada sirve entrenar con un triciclo si vas a competir con una bicicleta.

Permíteme un par de apuntes más sobre el entrenamiento de la toma de decisiones.

Una vez conocí a un joven delantero muy habilidoso, pero con una marcada dificultad para traducir su talento en goles y asistencias de gol para su equipo. No sabía tomar decisiones, era su punto más débil. Su dificultad para elegir correctamente radicaba en la sobreprotección de todo su entorno más inmediato. En todos los aspectos de su vida decidían por él. ¿Cómo podía aprender a tomar decisiones, más aún bajo presión, si él nada decidía, ni tan siquiera sin presión? Como aquellos padres y madres que, mucho antes de que llegue el balón a su hijo/a, le dicen qué debe hacer con la pelota. Son los mismos padres que luego se quejan de que su hijo no toma las decisiones más acertadas cuando se encuentra solo delante del portero. En el capítulo 8 he dejado claro que para aprender hay que fallar, pero hay quien sigue ignorándolo.

En el ámbito de la empresa ocurre algo parecido, aunque de manera un poco más rebuscada. Directivos y directivas lanzan el siguiente mensaje a las personas que integran sus equipos de trabajo: fallar las veces que necesitéis para aprender, pero, si puede ser, fallar poquito.

En estos casos, acaba ocurriendo que las personas están más motivadas por evitar el error y la reprimenda que le acompaña, que por aprender. Así no se crean unas condiciones ideales para aprender a tomar decisiones en el seno de la empresa.

El aprendizaje no está reñido con la responsabilidad. A esos directivos que no saben crear un clima laboral óptimo para aprender les propongo modificar el mensaje que transmiten a su equipo: fallar cuantas veces necesitéis para aprender y dejaros el alma para que vuestro error perjudique lo menos posible a vuestro equipo. De esta manera sí se cambia el miedo por el atrevimiento y se fortalece el compromiso con el equipo.

En resumen, necesitamos tres herramientas para aprender a tomar decisiones: claridad, presión y errores.

- Claridad para simplificar al máximo el proceso de la toma de decisiones. Esto es, seleccionar las mejores señales a las que se deberá atender y limitar el número de posibles respuestas.
- Presión para entrenar en las mismas condiciones psicológicas en las que se tomarán las decisiones importantes.
- Y un ambiente de trabajo que no penalice el error. Es imposible aprender sin errores y estos te dan la oportunidad de fortalecer tu compromiso. Pon todo de tu parte para que tu error no perjudique a tu equipo.

Me gusta lanzar este mensaje a los deportistas con los que trabajo: no vayas al entrenamiento a no fallar, sino a corregir rápido. Si no fallas, no mejoras. Y si no mejoras, no evolucionas. Tampoco tomando decisiones.

Quédate con esto

Las 3 herramientas para entrenar la toma de decisiones:

- Claridad
Seleccionar las mejores señales y limitar el número de posibles respuestas.

- Presión
Entrenar en las mismas condiciones en las que se tomarán las decisiones.

- Entorno inmediato facilitador
No penalizar el error.

13.
Las tres fases
de la toma de decisiones

Cada vez soy más partidario de los procesos. Nada ocurre de un momento a otro. Todo aquello que no es un proceso huele a magia: vengo, te impongo las manos y te curo. En cambio, para tomar una decisión, de forma meditada, debo seguir unas fases:

a) Mirar: recogida de la información más relevante.
b) Pensar: siguiendo un árbol de decisión (unos criterios ordenados en el tiempo), tomar una decisión.
c) Hacer: realizar acciones para llevar a cabo esa decisión.

Permíteme unas reflexiones para cada una de las fases, pues creo que podrán orientar tus decisiones.

a) La recogida de la información
En una ocasión, teníamos a un jugador veterano que jugaba de defensa en la selección de hockey. Por más rápidos,

escurridizos y eléctricos que fueran los delanteros rivales, les robaba la bola a todos. Le pregunté cómo lo hacía y esta fue su respuesta: «Cuando los tengo lejos los observo un instante. Entonces, ya sé por dónde van a pasar. Voy para allá, coloco el palo en el suelo y ellos ponen la bola en mi *stick*».

Tenía razón, daba la sensación de que, más que quitarles la bola, se la regalaban. Fue entonces cuando le pedí permiso para realizar el siguiente ejercicio con el resto de los defensas de la selección, mucho menos experimentados que él. Proyectábamos jugadas en las que nuestros defensas se esforzaban por robar la bola al rival. Justo antes de que lo consiguieran, congelábamos la imagen. Entonces, preguntaba a nuestros defensores qué miraban para anticipar la acción del oponente. Comparaba sus respuestas con las del veterano: nunca coincidían. Pedí a nuestro experto que compartiera con ellos sus claves atencionales. Al cabo de un día disputamos un partido amistoso contra los campeones de Europa. Nuestras estadísticas rebelaron que jamás habíamos robado tantas bolas al rival. El veterano, al compartir los aprendizajes que su larga experiencia le había proporcionado, aceleró otro proceso, el de aprendizaje, en esta ocasión, de sus compañeros defensas. En unas pocas horas con el veterano aprendieron más que en los últimos meses.

Años más tarde, gracias a esta experiencia, pude asesorar a unos bomberos que me pidieron ayuda. Los bomberos encargados de tomar decisiones estratégicas sobre cómo abordar un incendio manejan tanta información que, a veces, lejos de resultar una ventaja, dificulta la toma de decisiones. Les sugerí que los bomberos más experimentados en la toma de ese tipo de decisiones organizaran un grupo de trabajo con la finalidad de seleccionar los datos más relevantes en tales situaciones y, una vez alcanzado un consenso, los compartieran con bomberos de otros lugares del mundo. El resultado final de toda esta labor ha sido la confección de unos protocolos para manejar la complejidad propia de los grandes incendios.

b) La toma de decisiones
Supón que te cuesta mucho tomar la decisión de adelantar mientras conduces de noche. Voy a tratar de ayudarte.

1) Selección de los estímulos más relevantes para tomar la decisión de avanzar.

- Visibilidad
- Distancia entre tu vehículo y el que viene en dirección contraria
- Potencia de tu motor
- Estado de la carretera
- Estado de los neumáticos
- Agudeza visual
- Estado de ánimo
- Continua o discontinua…

Si cada vez que te planteas la posibilidad de adelantar te pido que revises todos y cada uno de estos puntos, no avanzarás nunca. La tarea consumirá tanto tiempo que no te quedarán segundos para realizar la maniobra. Necesitas simplificar y quedarte con los dos o tres criterios que más te ayudan.

- ¿Cuántas luces del coche que viene en dirección contraria veo?
  Una sola luz, está lejos, puedo adelantar.
  Dos luces, está demasiado cerca, no adelanto.

- Continua o discontinua
  El código prohíbe los adelantamientos con línea continua.

2) Ordenar cronológicamente los estímulos
Si el código no permite el adelantamiento, no se avanza.
Si el código sí permite el adelantamiento, entra en escena el segundo criterio.

3) Los estímulos ordenados en el tiempo dibujan un árbol de decisión
¿Continua o discontinua?
Continua → no adelanto
Discontinua → ¿1 o 2 luces? → 2 → no adelanto
                              → 1 → sí adelanto

c) La ejecución

La decisión está tomada. Ahora toca centrar toda tu atención en aquello que solo depende de ti y sirve para llevar a la práctica tu elección.

Ha llegado el momento de la acción. Quiero que te instales en el presente. Olvídate de qué pasará si fallas (futuro) y concéntrate en todo lo que debes hacer ahora. Prohibido revisar de nuevo la decisión (pasado), es momento de defenderla con determinación.

Ahora que tienes claras las tres fases del proceso (mirar-pensar-hacer), quiero que hagas una estadística. Lista tus 10 últimas decisiones equivocadas, aquellas que no lograron el objetivo que perseguían. Para cada una de ellas concreta en qué fase crees que cometiste un error.

- ¿Miraste mal? ¿No recogiste bien la información? ¿Ignoraste información relevante? ¿No leíste bien el juego?
- ¿No pensaste bien? ¿No tenías los criterios claros? ¿No seguiste el orden correcto?
- ¿El error estuvo al final, en la ejecución? ¿Parálisis por análisis? ¿Faltó técnica? ¿No estabas concentrado?

Y ahora, por favor, calcula porcentajes. Así sabrás en qué parte del proceso debes invertir para mejorar la eficacia de tus decisiones.

Siento no poder referenciar este dato que te voy a aportar, ya que por más que he buscado el artículo donde lo leí me ha sido imposible recuperarlo. El estudio era del año 2022 y planteaba exactamente la misma estadística que te acabo de proponer. La muestra estaba compuesta por jóvenes futbolistas. Pues bien, el dato que me llamó poderosamente la atención es el siguiente: el 60 % de los errores cometidos por los jóvenes futbolistas que participaron en el estudio se concentraba en la primera fase del proceso.

Y esta es mi lectura particular de este dato. Si nuestros jóvenes jugadores cometen un 60 % de los errores en la primera fase del proceso, ¿dedicamos un 60 % del tiempo de entrenamiento a enseñarles a mirar? Si no recogen la información más relevante, van a decidir mal. Y por bien que la ejecuten, si la decisión está mal tomada, no va a funcionar.

Resulta evidente que el estudio se realizó con jóvenes jugadores, pero estas conclusiones podrían generalizarse a la mayoría de las personas que, en cualquier otro ámbito, aprenden a decidir. Por ejemplo, entre los estudiantes, hay quienes dedican mucho tiempo al estudio, pero en el momento del examen se ponen tan nerviosos que cometen muchos fallos por falta de concentración. Otros, en cambio, aunque puedan mantener la calma durante los exámenes, fallan igualmente porque les ha faltado afianzar los contenidos estudiados. A los primeros les convendría dedicar menos tiempo al estudio y más a realizar ejercicios de relajación y concentración; a los segundos, les recomendaría invertir más tiempo al estudio.

Quédate con esto

El proceso de la toma de decisiones:

a) La recogida de información (mirar)
Saber qué mirar y concentrarse solo en ello
(La selección de los estímulos más relevantes para decidir)

b) La toma de decisiones (pensar)
Disponer de un árbol de decisión y aplicarlo
(Criterios para decidir ordenados en el tiempo)

c) La ejecución (hacer)
Centrarse en la técnica para llevar a cabo la decisión tomada
(aquí y ahora)

14.
Para decidir, ficha valores

Aquel día fui un privilegiado. Los estudiantes de Bachillerato de un instituto de Cornellà, en Barcelona, me regalaron dos horas de su vida. Yo, a cambio, les debía enamorar con el valor del esfuerzo. Me lo preparé mucho, no les podía fallar. Les propuse realizar ejercicios prácticos para que experimentaran el valor, algunos descubrimientos guiados para que tomaran consciencia de las ventajas de esforzarse, y practicamos algunos recursos para aprender a persistir en el esfuerzo. La sesión terminó con las preguntas de los participantes.

Una chica me hizo la siguiente pregunta: «¿Cómo decidiste apostar por la psicología del deporte?». Contesté como pude. Al terminar la charla, fui a buscar a la alumna, pues quería saber el motivo de su pregunta.

Me contó que debía tomar una decisión que marcaría su futuro profesional. En breve, debía decidir qué estudios iba a cursar. Tres opciones le gustaban mucho, pero solo podía quedarse con una. Estaba llena de dudas y a mí me vio muy seguro. Justo por eso me preguntó, por si le podía transmitir la seguridad que le faltaba para afrontar su decisión.

Fue entonces cuando tuvimos el siguiente diálogo, que jamás olvidaré:

- Con mi charla, ¿te he ayudado a tomar la decisión?
- No, lo siento.
- Gracias por tu sinceridad, debo seguir mejorando. Espero ayudarte un poco más la próxima ocasión.
- ¡Me has ayudado mucho, Pep! Es más, gracias a ti, acabo de tomar la decisión.
- No entiendo nada...
- Con lo que has contado, no me has ayudado. Pero con los valores que me has transmitido, sí. Y mucho.
- ¿Qué valores te he transmitido, si se puede saber?
- Ambición, valentía y algo de locura. Por eso me he decidido por la opción más difícil de todas.

De aquella breve conversación aprendí dos cosas que me ayudan mucho a educar. La primera, te la presento con un dato: el 80 % de lo que transmites a tu auditorio lo haces con tu lenguaje no verbal. Quizás en materia de valores ese porcentaje se queda corto. Yo estuve hablando durante dos horas sobre el esfuerzo, pero ella se llevó a casa la ambición y la valentía. Y la segunda tiene que ver con una de las utilidades de los valores: orientar la toma de decisiones. Nuestra alumna necesitaba criterios para tomar la decisión más importante de su vida. Criterios que, más que acertar, le permitieran no arrepentirse de la elección tomada. Y no existe mejor criterio que un valor.

Tuve la oportunidad, al cabo de unos años, de hablar de nuevo con la estudiante. No se arrepiente de la decisión tomada y sigue utilizando esos mismos valores para tomar las decisiones más importantes que la vida le plantea, también a nivel personal.

Creo que de esta chica he aprendido una gran lección: los valores se fichan para tomar decisiones, se renuevan cuando las decisiones funcionan y se hacen fijos cuando funcionan casi siempre.

Creo que puede resultarte muy útil a ti también realizar el mismo ejercicio que Raquel, así se llama la joven.

Anota las tres últimas decisiones más importantes que hayas tomado. Ahora, identifica los valores en los que te has basado para tomarlas. Busca coincidencias y quédate con los dos o tres más utilizados.

A continuación, pregúntate si te arrepientes de esas decisiones. En caso de que no te arrepientas, ya los tienes, esos son los tuyos, de momento. No solo te ayudan a tomar decisiones, sino que muy probablemente también te definen y marcan tu personalidad. Acuérdate de ellos cada vez que te toque decidir. Y si te siguen funcionando, plantéate hacerlos fijos en tu equipo de gala.

Por el contrario, si te has arrepentido de alguna de esas tres decisiones que te pedí, toca seguir buscando. Por suerte, existen un montón de valores donde elegir. Se trata de que acabes encontrando los tuyos. Toca seguir fichando.

La decisión vital de los 18 años

Raquel me ha hecho pensar en la cada vez más compleja decisión que la mayoría de las jóvenes deben tomar al acabar el Bachillerato. Puedo imaginar lo que sienten. Tienes dieciocho añitos, acabas de debutar como persona adulta y, si quieres seguir estudiando, te ves en la obligación de tomar una decisión que condicionará el resto de tu vida. Sin duda, esto está mal montado. De ahí que esta sea una de las primeras decisiones importantes que tomamos. Así fue en mi caso, sin ir más lejos.

Dos agravantes: por un lado, cada vez dispones de más opciones porque surgen nuevas carreras cada año y la decisión se complica; por otro, cada vez más personas siguen estudiando, toca diferenciarse para abrirse camino en el mercado laboral. Más difícil todavía.

Mientras trabajaba con deportistas aprendí algo que puede ayudarnos en este vital momento. El talento y la juventud conceden margen de error. Si tienes facilidad, en este caso para el estudio, y tienes tan solo dieciocho años, te puedes equivocar varias veces y llegar de todos modos a conseguir una titulación que te capacite profesionalmente. Llegarás algo más tarde, pero con más convencimiento de que ese es el camino.

Por tanto, la primera consigna a tener en cuenta es no perder de vista en ningún momento que no tienes la obligación de acertar a la primera. Si aciertas, mejor. Si no aciertas, no se acaba el mundo. Dispones de más oportunidades. No te pongas más presión de la que tienes. Decide para aprender, más que para acertar. Solo te pido que cada decisión que tomes te acerque a tu objetivo.

Dicho esto, comparto este decálogo que he creado para ayudar tanto a los jóvenes que deben tomar esta decisión como a los padres y profesores que asesoran a los estudiantes y les orientan profesionalmente.

1) Formula bien la pregunta

¿Quiero seguir estudiando? Puede que esa no sea la pregunta. Para conseguir mi objetivo, ¿necesito seguir estudiando? Esa es la cuestión.

2) Pasión antes que talento

No te decidas por aquellos estudios para los que tienes facilidad. Opta por los que te apasionan. Si tienes clara tu vocación, la toma de decisiones se simplifica.

Como dice el subtítulo de este libro, lo difícil no es decidir, sino saber qué quiero.

3) Diversificación antes que especialización

Nadie se compromete con aquello que no elige.

Infórmate sobre cada una de las opciones que te motivan.

Habla con compañeros que estén cursando o hayan cursado los estudios que te interesan. No descartes ninguno todavía. A veces, resulta tan importante saber qué no quiero, como aquello que realmente deseo.

Aplica la técnica de solución de problemas que te he

mostrado. ¿Recuerdas? Costes y beneficios de cada opción, valorados del 0 al 10.

4) Salida profesional

No te compliques la vida valorando si tus estudios van a tener salida profesional. Los mejores y las mejores en cada disciplina suelen disponer de más oportunidades. Eso no garantiza nada, de acuerdo, pero da sentido al esfuerzo. Generar una oportunidad no solo depende de ti. Aprovecharla, sí. Es más, solo dispones de una oportunidad si estás realmente preparado para aprovecharla.

5) Cabeza antes que corazón

No elijas lo mismo que tus amigos para no perder el contacto con ellos. Si son amigos de verdad no vas a perderlos. Ha llegado el momento de pensar en ti. Decide aquella opción que te acerque a tu meta, no a la suya.

Tampoco es un buen plan optar por unos estudios para contentar a tus padres/profesores. Los tendrás contentos, pero engañados. Creerán que eres feliz y te sentirás frustrado. Y lo peor de todo, terminarás por abandonar tus estudios sin haber aprendido nada.

Traicionarse a sí mismo siempre pasa factura.

6) Si dudas, no tomes decisiones irreversibles

Si se acaba el plazo y toca mover ficha, opta por estudios que puedan convalidarse por otros o que permitan acceder a otros programas sin demasiadas dificultades. Si dudas, no te cierres puertas. Decide de manera que queden entreabiertas.

7) Una vez tomada la decisión

No la revises más. No hace falta que te cuente qué ocurre cuando revisas una decisión.

8) Una vez comienzas a cursar esos estudios

No saques una conclusión definitiva antes de los tres primeros meses de clase. No quiero que confundas una mala decisión con un problema de adaptación. No conviene precipitarse.

9) Los valores sirven para tomar decisiones

En caso de no tener clara tu vocación, utiliza tus valores para seleccionar tus estudios. Preselecciona las opciones más compatibles con tus valores personales. Luego busca información sobre cada una de ellas y sigue el proceso de toma de decisiones tal y como te he mostrado en esta guía.

10) Aprende a compaginar

No elijas tus estudios para que sean compatibles con tus actividades habituales. Aprende a compaginarlo todo. No supedites una prioridad a algo secundario.

Soy perfectamente consciente de que este decálogo no resuelve el problema (tener que tomar una decisión importante sin la perspectiva vital suficiente). Tan solo pretende allanar el camino, ayudarte a pensar si estás bloqueado y acompañarte en los primeros pasos.

Quédate con esto

Los valores se fichan para tomar decisiones importantes.
Se renuevan si las decisiones funcionan.
Y se hacen fijos si funcionan casi siempre.

15.
La toma de decisiones en equipo

En los Juegos Olímpicos de Barcelona 92 tuve la oportunidad de ser el psicólogo de la Selección Española Masculina de Hockey Hierba. Nuestro objetivo era entrar en semifinales y convertirnos en uno los cuatro mejores equipos del mundo. Casi lo teníamos. Si ganábamos el siguiente partido pasábamos a semis. Solo había un problema: el rival. Nos tocaba jugar contra los vigentes campeones del mundo, Pakistán. Nunca les habíamos ganado.

Nuestro entrenador nos propuso un cambio en el sistema de juego para intentar la gesta: jugar a que Pakistán no jugara.

Nuestro técnico dibujó en la pizarra el planteamiento para el partido y repartió los roles individuales. Si cada uno hacía su trabajo, podríamos dar un disgusto a los favoritos. Todos lo vimos claro: primero el equipo técnico y después los jugadores. Probamos el nuevo sistema de juego entre nosotros y parecía que la cosa funcionaba. Llegó el momento de tomar una decisión importante y contestar a la pregunta: ¿cómo vamos a jugar a Pakistán? No había duda, jugaríamos todos a lo mismo, a que no pudieran jugar. Lo habíamos decidido entre todos. Lo habíamos consensuado. Y el consenso es la opinión compartida por todos los integrantes del equipo. Llegamos al final de la primera mitad (antes se disputaban dos partes de 35 minutos cada una) con empate a un gol en el marcador. La táctica estaba funcionando. Rostros de confianza y muchas palabras de ánimo en el vestuario. El entrenador aprovechaba para disipar posibles dudas: «Nos tenéis que prometer que, pase lo que pase en la segunda parte, seguiréis jugando así hasta el final. Si existe una forma de ganar a estos tíos es esta».

Cuando faltaban diez minutos para terminar el partido seguíamos empatando a uno, los jugadores comenzaron a creer que con ese sistema podríamos empatar, pero no ganar. Empezaron a pensar que, para vencer y pasar, habría que hacer algo más, y cada uno se tomó la justicia por su lado, abandonaron el consenso y decidieron individualmente. En cinco minutos los pakistanís nos metieron tres chicharros. Se acabaron los Juegos. Bueno, luego lo ganamos todo y quedamos quintos, pero ese no era el plan.

No quiero dar a entender que si hubiéramos jugado igual, hasta el final, habríamos ganado el partido. ¡No lo sé! ¡Yo no sé de hockey! Lo que sí sé es que llevábamos una hora empatando ante el mejor equipo del mundo y que, cuando olvidamos el consenso y cada uno decidió por su cuenta, nos marcaron tres goles en cinco minutos.

Ese día aprendí que, para un equipo, es más útil el consenso que la verdad.

En primer lugar, porque a veces no sabemos cuál es la verdad. Ahora ya sabemos cómo ganar al equipo pakistaní, pero en aquel entonces se desconocía. Y, en segundo lugar, porque no existe la decisión perfecta. Aquello que hace que una decisión funcione no es tanto su grado de acierto, sino la determinación con la que todos los jugadores defienden esa decisión.

Para liderar un equipo debes utilizar el consenso. Unos argumentan su punto de vista, separando hechos de opiniones, otros escuchan estando dispuestos a cambiar y, finalmente, todos ceden, en beneficio del colectivo y porque les convencen.

Cuando terminaron los Juegos, el equipo técnico hizo autocrítica: no habíamos conseguido convencer a los jugadores de que aquella era la mejor opción para ganar a Pakistán. Y es que solo sabes si confían en tu propuesta cuando la siguen bajo presión.

El otro día visité una empresa. Querían presentarme a uno de sus jefes, según sus compañeros era un *crack* trabajando en equipo. Antes de que lo hicieran, les pregunté:

—Y cuando no le dais la razón, ¿también es capaz de trabajar en equipo?

—Entonces, no…

—Pues no hace falta que me lo presentéis, no tiene ni idea de lo que es la cooperación.

Tomar decisiones en equipo no va de votar, va de convencer; eso es mucho más difícil. Consiste en pactar y construir sobre los acuerdos y las semejanzas. Si vamos a colaborar tú y yo, te pido, por favor, que cuando me escuches busques similitudes entre lo que piensas y lo que digo.

La mejor jugada del mundo no es la que dice el entrenador, sino la que dicen los jugadores, los únicos que llevan un *stick*, o un balón, en las manos. Sería genial que fuera la misma, pero no resulta imprescindible. He visto jugadas mediocres que terminan en gol. Y jugadas ensayadas que se diluyen. De nuevo, la determinación compartida marca la diferencia.

Quédate con esto

Para un equipo es más útil el consenso que la verdad.

16.
Tomar una decisión: el primer paso para solucionar un problema

Tomando una decisión no queda automáticamente solucionado el problema. Ahora bien, para tratar de solventarlo, resulta imprescindible tomar una decisión.

Es por eso que me gustaría que conocieras esta técnica de solución de problemas creada en el año 1971 por los psicólogos D'Zurilla y Goldfried. La técnica sugiere formular operativamente el problema, plantear todas las posibles opciones de solución, valorarlas y tomar una decisión.

Para hacerlo, propone listar los aspectos positivos y negativos de cada opción. Y, a continuación, puntuar del 0 al 20 cada uno de los aspectos, en términos de coste y beneficio. Cuán positivos son los beneficios y cuán negativos los costes de cada una de las opciones planteadas.

Te pongo un ejemplo.

Problema

Una madre se plantea cuál es la mejor forma de alimentar a su bebé recién nacido.

Opciones de solución
a) Dar el pecho
b) Biberón
c) Fórmula mixta (unas veces se da el pecho, otras el biberón. Y se complementa la leche materna con suplementos en el biberón)

Análisis

a) **Dar el pecho:** 33 – 16 = **(+17)**

Aspectos positivos (beneficios)	
Se fomenta el vínculo emocional con la madre	9
La leche natural es la más sana para el bebé	10
Se sigue una tradición familiar. Mi madre y mi abuela dieron el pecho	8
Es más económico	6
	33

Aspectos negativos (costos)	
Posibles molestias físicas para la madre	8
La madre no puede delegar en el padre la alimentación de su bebé. Eso la obliga a estar siempre disponible	8
	16

b) **Biberón:** 33 − 26 = (+7)

Aspectos positivos (beneficios)	
Si el biberón se lo dan siempre las mismas personas, se mantiene el vínculo emocional	9
La madre y el padre pueden alimentar a su hijo y repartirse así la tarea	8
La leche artificial es igualmente beneficiosa para el bebé y se mantiene el valor nutricional	8
Se evitan las posibles molestias físicas para la madre	8
	33

Aspectos negativos (costos)	
La madre se pierde la experiencia de amamantar a su bebé	9
No hay nada como la leche natural de la madre	10
Se rompe una tradición familiar. Mi madre y mi abuela dieron el pecho	7
	26

c) **Fórmula mixta:** 43 − 8 = (35)

Aspectos positivos (beneficios)	
No se pierde el vínculo emocional	9
Alternar los dos métodos concede más libertad a la pareja	8
No se rompe la tradición familiar	7
La madre no se pierde la experiencia de dar el pecho	9
Se asegura una alimentación saludable para el bebé	10
	43

Aspectos negativos (costos)	
Aunque se modera la probabilidad, pueden aparecer molestias físicas para la madre	8
	8

Si te propongo este procedimiento en este capítulo es porque creo que te puede dar pistas para tomar una decisión a nivel individual.

El hecho de puntuar, en este caso del 0 al 10, los beneficios y los costes de cada opción, permite llegar a tres conclusiones:

• Verificar que todas las opciones son positivas. Por tanto, cualquiera de ellas sería una solución acertada, de la que probablemente no te arrepentirías.

- Decantarse por la fórmula mixta (opción c). No solo por presentar el mejor balance cotes/beneficios, sino por las ventajas que implican los aspectos positivos.
- Tomar consciencia de la importancia que se le concede a ciertos aspectos. Por ejemplo, se puntúa con un 6 romper la tradición familiar y con un 10 alimentar de la forma más sana posible al bebé.

Insisto, no se trata de reducir la toma de decisiones a la aplicación de la técnica de solución de problemas. Ojalá fuera tan sencillo. Es probable que no consigas solucionar un problema por el mero hecho de tomar una decisión, pero para solucionar un problema siempre tendrás que tomar una decisión.

Por eso, el uso de esta técnica puede aportarte valiosas pistas en el momento de decidir. Por ejemplo, mientras aplicaba el procedimiento me he puesto en la piel de una madre y me he dado cuenta de lo importante que sería poder compartir la experiencia con mi pareja. Buscaría una fórmula para que ella pudiera experimentar la sensación íntima de alimentar a su bebé recién nacido.

Ser consciente de este detalle me facilitaría mucho la toma de esta delicada decisión.

Quédate con esto

La confianza es conocimiento: disponer de un método para tomar decisiones.

1) Formular el motivo de la decisión, de la forma más objetiva posible.
2) Plantear todas las decisiones que se podrían tomar, sin descartar ninguna.
3) Valorar en términos de coste/beneficio cada una de las opciones (del 0 al 10).
4) Tomar consciencia de la importancia que concedes a cada criterio.
5) Tomar una decisión que tenga en cuenta los resultados obtenidos y los aprendizajes realizados durante el ejercicio.

17.
Estilos en la toma de decisiones

Cursé, hace ya algunos años, una formación sobre la toma de decisiones. No recuerdo el nombre del profesor, menos aún el nombre del autor de la teoría que nos presentó. Sí recuerdo que me impactó y que el curso estaba auspiciado por la Universidad de Barcelona.

Todo partía de un dibujo y de una pregunta. El dibujo era un cuadrado formado por 16 pequeños cuadrados y la pregunta era la siguiente: ¿Cuántos cuadrados hay aquí?

La respuesta correcta era 30. Para acertar, debías descubrir que esos 16 cuadrados, todos juntos, formaban otro cuadrado más grande. Ya eran 17. También debías advertir que los cuadrados pequeños se podrían agrupar. De 4 en 4, así salían 9 cuadrados más, y de 9 en 9, entonces, resultaban otros 4. Eran 30 en total. Recuerdo que solamente vi 17 y fui de los primeros en contestar.

Cuando todos anotamos nuestra respuesta, el profesor nos dio las claves para interpretar el número que habíamos escrito. La interpretación constituiría el núcleo de la teoría que nos quería exponer.

- 16 o 17 cuadrados
Estilo de toma de decisiones mediterráneo.
Aparece un estímulo (en forma de pregunta) y elaboras muy poco la respuesta. Respondes rápido, pero tu respuesta no ha contemplado todas las posibilidades.

- De 18 a 26 cuadrados
Estilo de toma de decisiones anglosajón.
Ante el mismo estímulo anterior, te tomas más tiempo para responder. Te planteas más posibilidades, pero no las planteas todas. Tu respuesta es mejor que la anterior.

- De 27 a 30 cuadrados
Estilo de toma de decisiones japonés.
Piensas mucho tu respuesta, tanto que aciertas. Solo existe un único problema: el tiempo que te lleva responder.

¿Cuál es el mejor estilo? Depende. Depende del tiempo de que dispones para responder y de la transcendencia de tu respuesta. Si quieres ligar y adoptas un estilo japonés, no tienes futuro. Aquello que más se valora es la frescura y la espontaneidad. Si te ofrecen el trabajo de tu vida en Australia, tómate el fin de semana para deliberar. Pros y contras. Pide a tus amigos que te ayuden a tomar la decisión.

La clave del éxito en la toma de decisiones reside, como siempre, en la adaptación: utilizar el estilo que exige la situación. Si utilizas un estilo japonés para decidir si coges el autobús, puede ocurrir que cuando te decidas el autobús haya partido. Y al revés, la escuela donde estudiarán tus hijos no la puedes elegir en una mañana.

Ahora te propongo un juego. Yo te digo de qué decisiones estamos hablando y tú asocias cada una de ellas con un estilo. No te lo pienses mucho, se trata de decir la primera palabra que te pase por la cabeza. Tres tipos de decisiones (intranscendentes, importantes y vitales) y tres estilos (mediterráneo, anglosajón y japonés).

Si asocias con criterio este debería ser el resultado:

Decisiones intranscendentes → Estilo mediterráneo
Decisiones importantes → Estilo anglosajón
Decisiones vitales → Estilo japonés

Me quedé tan impresionado por la sencillez del modelo que ahora lo aplico a otros menesteres. Por ejemplo, utilizo la figura de los 16 cuadrados y la pregunta del profesor para presentar el trabajo en equipo.

Quédate con esto

Estilos en la toma de decisiones

Mediterráneo

S ⟶ R

Anglosajón

S ⟶ R

Japonés

S ⟶ R

18.
La síntesis del entrenamiento

Solamente aquello que se acaba convirtiendo en un hábito produce cambios significativos en tu forma de comportarte. Solo te transforma si acabas integrándolo en tu forma de funcionar. Y, para integrarlo, resulta imprescindible practicarlo a diario. Si lo practicas de tanto en tanto, cuando lo necesitas, estás perdiendo el tiempo.

Esto rige para cualquier aprendizaje, todo se aprende igual, también la toma de decisiones. Así que, si alguna de las pautas mencionadas en este libro te ha parecido útil, no tardes en incorporarla a tu rutina diaria.

Si solo aplicas de vez cuando los recursos no surtirán efecto.

Objetivos, información y confianza.

Humildad, análisis y persistencia.

Claridad, presión y entorno.

Todos pueden ayudarte si haces un esfuerzo deliberado y consciente por tenerlos presentes en tu día a día.

El ensayo-error también funciona para aprender a tomar decisiones.

Elegir bajo presión también se entrena. Y si no, que se lo pregunten al bueno de Wayne Smith.

19.
El *retest* de las creencias

Ha llegado el momento de la verdad.

Ahora descubrirás si la inversión de tiempo y dinero que has hecho con la lectura de este libro ha valido la pena.

Consideras que has aprendido alguna pauta para tomar decisiones vitales. De acuerdo, pero ¿has variado o matizado alguna de tus creencias más básicas en relación con el proceso de toma de decisiones?

Si una sola de tus creencias ha variado, aunque solo sea ligeramente, significa que sabes escuchar –es decir, escuchas con predisposición a cambiar de opinión– y que *Decisiones vitales* ha calado en ti. Si matizas alguno de tus puntos de vista, tras la lectura de esta guía, habrá valido la pena tu inversión.

Si solo has aprendido procedimientos, pero nada ha cambiado por dentro, esa metodología se esfumará con el tiempo. Si no has cambiado tu manera de pensar, puede que los consejos no te hagan falta.

Yo ya no puedo esperar más, estoy impaciente. ¿Y tú?

Anota tus respuestas al lado de cada afirmación y

compáralas con las que diste el primer día. No pretendo ser científico, me conformo con ser útil. Este test, como puedes imaginar, no tiene validez alguna. Pero es probable que te sorprendas si comparas tus respuestas de las primeras páginas y las de ahora. Y, quizá, saques de estas diferencias alguna conclusión interesante.

¡Preparados, listos... ya!

El test

Instrucciones

Valora, del 0 al 10, en qué medida estás de acuerdo con las siguientes afirmaciones.

0-1: Totalmente en desacuerdo
2-3: En desacuerdo
4-5: Casi siempre en desacuerdo
6-7: Casi siempre de acuerdo
7-8: De acuerdo
1-10: Totalmente de acuerdo

Afirmaciones

1) **No cambies nunca**
2) **Jamás abandones tu sueño**
3) **Querer es poder**
4) **Quien hace todo lo que puede no está obligado a más**
5) **Si te has enamorado, no tomes decisiones**

6) Si la vida te da limones, haz limonada
7) Si tienes una ventaja, aprovéchala
8) Dispones de una oportunidad cuando estás preparado/a para aprovecharla
9) Debes salir de tu zona de confort
10) El tiempo lo cura todo
11) Lo difícil no es llegar, sino mantenerse
12) La unión hace la fuerza
13) Cambia cuando ya no funcione
14) Las cosas ocurren justo cuando las necesitas
15) Todo sucede por algo
16) La esperanza es lo último que se pierde
17) Si decides por odio, miedo o ego, te estás equivocando
18) Experiencia es el nombre que damos a nuestros errores
19) El consenso es más útil para un equipo que la verdad
20) Nunca te equivocas si decides con el corazón

Referencias bibliográficas

Bills, P. (2021). *Los All Blacks*. Barcelona, Editorial Córner.

Eberspächer, H. (1990). *Entrenamiento mental: Un manual para entrenadores y deportistas*. Barcelona, Editorial Inde.

Frankl, V. (1979). *El hombre en busca de sentido*. Barcelona, Herder.

Gan Pampols, F. (2022). *El arte de mandar bien*. Barcelona, Plataforma Editorial.

Marí, P. (2020). *El ADN psicológico*. Barcelona, Plataforma Editorial.

Mckay, M., Davis, M. y Fanning, P. (1988). *Técnicas cognitivas para el tratamiento del estrés*. Barcelona, Editorial Martínez Roca.

Miller, W. R. y Rollnick, S. (1991). *La entrevista motivacional. Preparar para el cambio de conductas adictivas*. Barcelona, Editorial Paidós.

Agradecimientos

Quiero dedicar este libro a mis dos maestros preferidos en el arte de tomar decisiones: mis padres. Sin querer, ahí radica el secreto, nos han transmitido valores: el trabajo, la honestidad, la responsabilidad y la bondad. Cada vez que tomo una decisión que se aparta de ellos, siento que me arrepentiré. Incluso, aunque acierte. Los llevo grabados a fuego lento en lo más profundo de mí y no los puedo traicionar.

Igualmente, quiero agradecer la colaboración desinteresada de una larga lista de personas en la corrección y en las sugerencias para mejorar este manuscrito. Son personas que me adoran, por eso lo han hecho. Con sus comentarios, han mejorado el original y mi autoestima.

Y, para terminar, quiero dar las gracias a mis lectores. Ellos y ellas me permiten evolucionar, ir probando nuevas aventuras literarias que bien poco se parecen entre sí. Gracias por tanta tolerancia. Procuro poner mi esencia en todo lo que escribo. Así me podréis reconocer.

Papis, amigos y seguidores, vuestra complicidad alimenta.

Su opinión es importante.
En futuras ediciones estaremos encantados
de recoger sus comentarios sobre este libro.

Por favor, háganoslos llegar a través de nuestra web:

www.plataformaeditorial.com

Para adquirir nuestros títulos,
consulte con su librero habitual.

«*I cannot live without books*».
«No puedo vivir sin libros».
THOMAS JEFFERSON

Desde 2013, Plataforma Editorial planta un árbol
por cada título publicado.